家族とジェンダーの
社会学

千葉モト子 著
Chiba Motoko

法律文化社

家族とジェンダーの社会学 ●もくじ

第1章 家族は社会の縮図である ……………… 1

第2章 生殖医療の家族への挑戦 …………… 9
　1 "Baby M" のケース（代理母の訴訟問題）　9
　2 現代の代理出産の実情　11

第3章 結婚と恋愛の歴史とパートナー関係
　………………………………………………… 15
　1 家族の歴史と変化　15
　2 親密なパートナー関係の多様化（恋愛・性・結婚）
　　19
　3 スウェーデンのSAMBO法　20
　4 アメリカの同性婚をめぐる論争　21
　5 フランス，イタリア，その他の国々　22

第4章 愛 の 類 型 ……………………………… 24
　1 最高の人生の見つけ方　24
　2 親の真実愛と不純愛　25

3 愛の6つのタイプ　28

第5章　家族とジェンダー・セクシズム……… 33
　　　1 ジェンダーの視点で社会事象をみるとは　33
　　　2 セクシズム（Sexism）の現実　41
　　　3 セクシズムの3類型　46
　　　4 ジェンダーの実態："男の十戒""女の十戒"　50

第6章　日本の家族の抱えるリスク……… 53
　　　1 リスク社会と家族　53
　　　2 日本の家族の抱えるリスク　58

第7章　子どもと離婚後の問題……… 64
　　　1 離婚の歴史的背景　64
　　　2 離婚の要因　69
　　　3 離婚の理由　71
　　　4 離婚後の問題　76
　　　5 最近の世界の離婚の動向　83

第8章　子どもの虐待といじめ……… 87
　　　1 子どもの虐待　87
　　　2 『闇の子供たち』——タイ社会の子ども　89

3 『スラムドッグ＄ミリオネア』——インド社会の子ども　90
　　4 『ハリー・ポッター』といじめ　91
　　5 いじめの規定と実態　92
　　6 子どもの虐待といじめの救済・防止策　93

第9章　ドメスティック・バイオレンス……96

　　1 ドメスティック・バイオレンスとは何か　96
　　2 DVの関係はパワーとコントロールの関係　98
　　3 DV防止法　99
　　4 アラブ諸国のドメスティック・バイオレンスの現実　101

第10章　家族の多様化とジェンダー……104

　　1 現代の家族とセクシズム　104
　　2 家族の多様化　106
　　3 家族の未来　107

あ と が き

第1章

家族は社会の縮図である

"家族は社会の縮図である"――家族はその時代，その社会の諸相を反映して存在している。家族のあり方を分析することによって，その社会の実態を知ることができる。ある意味において，家族は社会の鏡である。家族を研究することは社会を研究することにつながっている。

出産あり，死別あり，涙あり，笑いありの家族は，つねにダイナミックに流動し，変化し，静止することはない。しかし病める家族（社会）が病める人間をつくり出し，病める人間がこの家族を病めるものにするのは事実のようだ。なぜ家族が人々の行動と思考をこれほどまでに呪縛するのか，このことをこれから考察していきたい。

家族の多様化・変化にともなって家族の定義もかつての定義ではあてはまらなくなった。同性婚の合法化によるパートナー関係の変化，生殖医療の進歩で可能になった人工授精，体外受精，代理母などによる親子関係の変貌，離婚・再婚による継親子家族（ステップ・ファミリー：Step Family）の増加，さらに実

親子と継親子の複雑な人間関係……　このように，複雑な家族関係を呈するようになった今日の世界の家族の実態を明らかにしていきたい。

さらに，日本の家族の抱えるリスク——若者のフリーター，ニート，パラサイト・シングル，離婚の増加，老親の介護，ドメスティック・バイオレンス，不登校，ひきこもり，いじめ，働く女性の育児と仕事の問題（ワーク・ライフ・バランス）など——の現状と対策について分析するとともに，不安定化したこのリスク社会を再建するために家族の果たす役割について考察し，このような家族の存在を社会の縮図として本書で解き明かしていきたい。

次に，家族は社会の縮図であることを示す事例を最近のニュースからひろってみよう。

事例1　母親が幼児姉弟を置き去り放置殺人

2010年7月末，大阪市西区のマンションで，母親に置き去り放置された幼い姉（3歳），弟（1歳）の2人の遺体が見つかった事件である。殺人容疑で逮捕された母親（23歳）は風俗店で働くシングルマザーで，子どもを保育所に預けず，行政や児童相談所にも支援を求めなかった。

この事件を知ると私たちは，幼い子どもがかわいそうにとか，なんと冷酷な母親だとか，感情的な表現をするが，社会学的にこの事例を分析するとどのように考えるのだろうか。

社会学的に種々の現象を考察するには，まず"何が彼女をそうさせたのか"という彼女のライフ・ストーリーあるいはファ

ミリー・ストーリーからその行動の社会的背景・社会的要因を明らかにし，その行動にいたった原因と結果の関係（因果関係）を分析することである。

　この母親は三重県に生まれ，そこで結婚して2児をもうけている。母親の父親は高校教師で，ごく普通の少女時代を過ごしている。しかし，ボーイフレンドと20歳で結婚し，2児をもうけてから離婚した後，職を求めて大阪へ転居した。新しい土地で職探しをしながら2児を育てることがいかに大変かは想像にかたくない。子どもをとてもかわいがっていた母親が生活に困ってたびたび深夜の風俗店で働くようになり，子どもの世話ができなくなっていく様子が手にとるようにわかる。やがて2児をマンションに閉じ込めて養育を放棄してしまうのである。その結果，2人の子どもが餓死した状態で発見された。

　この事例から，女性の雇用の問題，子どもの保育の問題，シングルマザーの仕事・住まい・保育の三位一体の支援の必要性が浮かび上がってくる。行政や児童相談所の支援のあり方，近隣・地域社会の人々の見守り・支援など温かいサポート体制があれば，2人の幼児の死は救えたかもしれない。

事例2　宝塚市のブラジル国籍の女子生徒が自宅に放火
——サード・カルチャーをもつ子どもたち

「『言葉の壁』家族に溝——母国語話せぬ子供　日本語不得手な親」（『朝日新聞』2010年8月24日）

　宝塚市のブラジル国籍の女子生徒が自宅に放火した事件は，思春期のわが子とのコミュニケーションに頭を悩ませる親たちに衝撃を与えた。とりわけ，日本で生まれた子どもとの間で

「言葉の壁」に苦しむ外国籍の親たちの動揺は深刻である。

このブラジル国籍の女子生徒の自宅放火事件は，グローバル化時代の移動する家族と子どもの問題である。親のもつ文化（言語・宗教・文化）と子どもの育つ社会の文化とが異なる経験をする場合，子どもは子どもなりにサード・カルチャー（Third Culture；第3の文化）を形成して社会に適応しようとするが，時には社会的・精神的に葛藤・対立する経験をすることになる。次に，サード・カルチャーについてみてみよう。

サード・カルチャーの類型として，①歴史的なサード・カルチャー（植民地，冷戦，ポスト冷戦など），②バイ・ナショナルなサード・カルチャー（イギリス系インド人とアメリカ系ナイジェリア人，日系ブラジル人など），③機能性のあるサード・カルチャー（ミッショナリー，外交官，領事館，ビジネス，研究など）がある。

グローバリゼーションはモノ，情報，カネだけでなく，国境を越えた人の絶え間ない移動をともなう。この近代的な移動の重要な帰結として，文化的に複雑な家族や環境のもとで何百万人という子どもたちが育っている。このような子どもたちを総称してクロス・カルチュラル・キッズ（Cross-Cultural Kids；CCK）と呼ぶ。代表的なCCKとしては，国籍や人種，宗教を異にする両親から生まれた子どもたち，子どもの移民，両親の移民先で生まれた子どもたちがあげられる。しかしながら，CCKのカテゴリーのなかであまり知られていないのがサード・カルチャー・キッズ（Third Culture Kids；TCK）である。TCKとは，両親の雇用形態（あるいは職業）が国を代表する性格をもつため――たとえば，外交官であったり，国際的なビジ

ネスを展開していたり，(とくにキリスト教の) ミッショナリーなど——自分のパスポート国から離れ，幼少期あるいは10代の大半を外国で暮らさなければならない子どもたちのことをいう。TCK は「ホーム (国)」という感覚やどこに所属しているかに不安や葛藤を抱える。彼らは外国にいるときは自らをアメリカ人とか，日本人とみられているし，また自分もそうであると認識する。やがて彼らは帰国すると考えられている。しかし，彼らが最も「ホーム」にしている感覚をもつことができるのは，サード・カルチャー (自分の国の文化でもなく，かといって滞在先の文化そのものでもなく，彼らがつくり出す第3の文化という意味) の国々であり，自分のパスポートがある「ホーム」のことはほとんど知らない。つまり，パスポートをくれる出身国に帰国したときは，自分の国だと期待するし，「ホーム」にいるような感覚になることを期待される。しかし，そこでは彼らのほとんどはよそ者だと感じるのが現実なのである。このようなTCK の考え方は興味ある分析方法であり，これからの国際社会と家族を考えるうえで研究すべき分野であろう。

　さらに，帰国子女や日系ブラジル家族と子どもたち，1980年代後半からは外国人ムスリム男性 (パキスタン人) と日本人女性との国際結婚が増加しており，アラブ首長国連邦に母子移住している日本人女性の葛藤と問題の実態が報告されてもいる。サード・カルチャーをもつ子どもたちの新たな問題として，その対策と研究がさらに進められていくことが期待される。

　ちなみに，この事例から私のクラスの学生が分析したレポートを紹介しよう。
①ブラジル国籍の母親との言語の違いや義父との文化の違いな

どから，娘は腹立たしくなって放火したと思う。家で話したり，話を聞いてくれる相手がいないと，子どもはストレスや孤独感をもつ。思春期にある子どもは不満がたまって，親を殺したいと思ったにちがいない。

②言葉や文化の違いから学校の友達とのコミュニケーションもうまくいかず，また義父という実の父親でない人と一緒に住むことで，いらだちを覚え，放火することによって自分の気持ちを表現したかったのかもしれない。これは彼女の"SOS"のメッセージだったのだ。

事例3　50歳長男が76歳老母を虐待死

「全身にあざ　76歳母死亡―大阪府大東市　長男『毎日暴行』供述」(『朝日新聞』2010年8月31日)

　2010年8月，大阪府警は息子の松本功伸容疑者（50歳）を傷害容疑で逮捕。松本容疑者は調べに対し「今年4月ごろからほぼ毎日暴行していた」と供述し，容疑を認めている。

事例4　老母を弔わず―年金をもらい続けることは許されるのか？

「『104歳』女性？　家で白骨化―東京　息子？『01年死亡後も年金』」(『朝日新聞』2010年8月20日)

　東京都大田区では息子（64歳）のアパートからリュックサックに詰めた母親（104歳）の白骨化した死体が見つかっている。

　これらの事例は最近起こったニュース（2010年7・8月）である。従来は，取り上げられる老人問題はひとり暮らしの老人の問題に焦点があてられていたが，子どもと同居している老人に

も問題があることが明らかになってきた。このような事例は、いかに親と子の関係が希薄になり、家族の絆が失われつつあるかを示している。さらに家族、親族、隣人の無関心・冷淡さ、地域社会の相談・救済措置の不備など、今日の日本社会の日常生活の深層の暗部を垣間みる思いがする。

　親を弔わず年金をもらい続けることが許されるのだろうか。法的には死体遺棄罪、年金の不当受給・詐欺罪を問われるだろうが、それ以前に死者を弔う宗教心・社会正義（道徳的善）の判断力が問われる。日本社会の雇用と家族の崩壊、貧困、相談できる隣人がいない群集のなかでの孤独な存在……まさに現代はよるべのない無縁社会といえよう。

　2010年4月からNHK教育放送でハーバード大学のマイケル・サンデル教授の政治哲学の講義「正義論（Justice）」（ハーバード白熱教室）が12回放送された。講義は「正義とは何か」「公正さとは何か」を考えさせられるすばらしい講義であった。彼は、誰もが経験する身近な事例から解き明かしていく。私たちがもつ経済的な豊かさを求める最大多数の最大幸福をめざす功利主義的価値観、個人の選択と権利を最優先する自由至上主義的価値観から脱却して、家族、隣人、コミュニティ（地域社会）、国家へとつながる人間の絆の大切さ——道徳的善（正義）とは何か、隣人愛、宗教心など、自分と他者との共同体的連帯とは何か、正義とは何か、社会的公正さとは何か——を問いかけるものである。この問いかけにより、現代の私たちがいかに家族との対話、友人・隣人との対話を喪失し、社会的ルールを無視し、事実を否認する価値観をもってそのような態度をとっているかについて考えさせられる。

私たちには「いつか」ではなく、「今」、家族、学校、社会を変えていこうという勇気と知的訓練と対話が必要とされているのではないだろうか。

〈参考文献〉
2008年日本家族社会学会（国際セッション）「グローバル化時代の移動する家族と子どもたち――TCK・ブラジル日系・ムスリムとの国際結婚」発表者：アン・ベーカー・コットレル（Ann Baker Cottrell, アメリカ・サンディエゴ州立大学）、関口智子（南山短期大学）、竹下修子（愛知学院大学）、嘉本伊都子（京都女子大学）

第 2 章

生殖医療の家族への挑戦

1
"Baby M"のケース（代理母の訴訟問題）

　アメリカのニュージャージー州で1986年に起きた代理母をめぐる裁判事件は、生殖医療の進歩にともなって「家族とは何か」を問うケースである。同事件は従来の家族観に対する挑戦であり、私たちに新たな親子関係（母と子、父と子）、兄弟姉妹関係の模索と再構築をうながし、どのような人間と家族が形成されうるのか、その可能性を問う問題でもある。

　夫ウィリアムは生化学者、妻エリザベスは小児科医であるスターン夫妻（William & Elizabeth Stern）は、エリザベスが多発性硬化症を患っており、自分たちの子どもをもつことができなかった。そこで夫妻は不妊症センターに代理母を依頼した。これに応募したのが2人の子どものいるメアリー・ベス・ホワイトヘッド（Mary Beth Whitehead）であった。夫は掃除作業員だ

った。メアリー・ベスはウィリアムの精子を人工授精し，子どもを産み，生まれた子どもをウィリアムに引き渡すことに同意した。母親としての権利を放棄することにも同意した。ウィリアムは，メアリー・ベスに1万ドル（約100万円）と医療費，不妊症センターの契約仲介料7500ドル（約75万円）など全経費を支払った。

1986年3月に女の子を出産したが，メアリー・ベスは赤ん坊Mと別れるのを拒み，子どもを育てることを決心した。この事態に将来の親となるはずのスターン夫妻は養育権をめぐって訴訟を起こし，結果として，スターン夫妻は養育権を得たが，メアリー・ベスは訪問権を得た。そして後にメアリー・ベスは離婚し，再婚した。Baby Mの家族関係（Family tree）は，親の離婚・再婚によってさらに複雑なものになった。

この"Baby M"の事例について前述のハーバード大学のマイケル・サンデル教授は興味ある分析をしているので紹介したい。

今日，アメリカでは精子バンク，卵子バンクなどで提供者を募集しているが，募集広告によると以下のような基準が設けられ，費用がかかる。卵子提供者の条件は，身長175cm以上，運動能力・知的能力の基準が設けられており，費用は5万ドル（約500万円）。精子提供者の条件は，身長180cm以上，大学卒業，瞳の色，毛の色，えくぼがあることなどの基準があり，費用は1回75ドル（約7500円），週3回月900ドル（約9万円）という。

そこでサンデル教授は，人間の生殖能力と市場性について問いかけている。母性や父性はお金で買えるものなのだろうか。

精子や卵子の提供は子どもを売るのと同じではないか（赤ん坊の売買），あるいは母性の売買ではないか，さらに妊娠・出産を労働に変えてしまうのではないか，生命の尊厳と母子の絆，愛という人間の生命倫理の観点からして，これらをすべて市場性として考えてよいのだろうか，お金で買えないものがあるのではないか，つまり市場の限界性があるのではないか，と彼は問題提起している。

　メアリー・ベスへの裁判所の裁定の結果について，サンデル教授は次のように指摘している。まず第1に，代理出産契約の同意に瑕疵（かし；不備）があった。出産後に母乳を与えたりして子どもに愛情を感じるのは母親として当然であり，生物学上の母親から子どもを離すのは不合理であり，母親もこの感情は知りえなかった。第2は，代理出産そのものが非人間的で，メアリー・ベスに代理母になることやその後の権利等についての十分な情報が与えられておらず，子どもとの情緒的絆，母子の絆，母性愛に関してお金で買えないものもあることについて配慮されていない，という。

2
現代の代理出産の実情

　以前は"Baby M"のケースのように，卵子と子宮が一緒になったパッケージ出産であった。しかし今日では，卵子は自分のもの，子宮はあちらというタイプ（借り腹型代理出産）が多くなり，これが代理出産市場を拡大させている。借り卵子・子宮のような，母親との結びつきの強さをを取り去ることによっ

て，法律面のリスクと感情面のリスクを減らしたのである。

借り腹型代理出産により，代理母の供給は増えたが，需要も増えている。代理母は今では妊娠1回につき2万ドルから2万5000ドル（約200万〜250万円）を受け取っている。代理出産にかかる総費用（医療費や弁護士費用を含む）は，一般的に7万5000ドルから8万ドル（約750万〜800万円）という。

インドは2002年に，商業的な代理出産を合法化した。インド西部の町アナンドには，イギリスなど外国の顧客の子どもを身ごもるためにアメリカや台湾から来た50人以上の女性が住んでいる。その総費用は約2万5000ドル（約250万円）で，アメリカの借り腹型代理出産にかかる費用の約3分の1ですむ。

しかし，借り腹型代理出産も倫理上のジレンマを解決するものではない，とサンデル教授は指摘している。母親の役割を，養子縁組する母親，卵子提供者，子宮を貸している代理母と3分割しても，子どもに対して最大の優先権をもつのは誰かという問題の解決策にはならない，と彼はいう。

日本においても，2003年11月，タレントの向井亜紀・高田延彦夫妻がアメリカ・ネバダ州の医療機関で卵子を採取し，アメリカ人女性に代理母を依頼した。アメリカで代理出産を州法で容認しているのは14州で，法の定めがない州まで含めて容認派は31州，否定派は5州と首都ワシントン，残りの14州は「態度不明」である（『朝日新聞』2008年3月8日）。

イギリスは「非営利」などの条件つきで容認。フランスは「人体尊重法」に基づきすべての代理母契約は無効で，仲介も禁止している。韓国，台湾の状況は日本に近く，明確な法の規定がないまま代理出産が行われている。

代理出産の依頼者と生まれてきた子どもの親子関係のあり方も、国によって違う。向井さんは、ネバダ州の裁判所では実の親子と認められた。しかし日本では、母子関係は分娩(ぶんべん)によって成立するとされ、最高裁判所は実の親子と認めなかった。さらに、2010年9月1日に国会議員の野田聖子氏(当時49歳)が週刊誌を通じて、アメリカで第三者が提供した卵子を用いて「体外受精」し妊娠したことを報告した(『朝日新聞』2010年9月1日「野田聖子さん49歳　卵子の提供を受け妊娠」)。この親子関係は実の親子と認められるのだろうか。

　今の日本では、10人に1人が不妊治療を受け、新生児の56人に1人は体外受精児といわれる。また、香川県の病院で受精卵が取り違えられた事件も起こっている。日本ではまだ生殖医療に関する法律がなく、匿名の卵子提供者(ドナー)を認めるかどうかの結論が出ないまま、一部のクリニックで姉妹や友人か

国内での主な不妊治療と料金の目安
タイミング療法
超音波や血液検査などで予測した妻の排卵日前後の性交を指導
・700～1200円程度（保険診療適用）
人工授精
事前に採取した夫の精子を器具を使って妻の子宮内に注入
・2万円前後
体外受精
排卵誘発剤で成長させた妻の卵子を体の外に取り出し、夫の精子と一緒にする
・20万～50万円程度
顕微授精
体外受精の一種で、妻の卵子に夫の精子1個を微細な針で注入
・30万～60万円程度
卵子提供
第三者の卵子を使った体外受精
・数百万円
（米国での治療費。野田聖子さんの手記から）

出所：「朝日新聞」2010年9月1日

ら提供された卵子を使っての不妊治療が行われている。

　生まれてきた子どもが「自分は誰から生まれたのか」を知りたいと考えた場合の「子どもの出自を知る権利」，ドナーの処遇や義務についての法整備はまだ十分ではない。そして生命の危険がともなう代理母の妊娠・出産における安全性，さらには胎児や子どもへの影響などについての研究もまだほとんどなされていない。2007年3月に厚生労働省が実施した国民の意識調査では，代理母を「社会的に認めてよい」とした人は54％，「認められない」は16％で，容認度は高い。また，原則禁止をうたいながら「試行的実施」に道を残した代理出産の危険性を測る研究がなされているが，未知のリスクをはらむこの生殖医療をめぐっては，私たちは医療の進歩，法律，人間の尊厳性と生命倫理，家族のあり方など多くのことを考えさせられる。

〈参考文献〉
NHK教育放送「ハーバード白熱教室」2010年4〜6月
マイケル・サンデル（鬼澤忍訳）『これからの「正義」の話をしよう——いまを生き延びるための哲学』早川書房，2010年

第3章

結婚と恋愛の歴史とパートナー関係

1
家族の歴史と変化

　アメリカの社会学者バージェス（Burgess, 1886〜1966）とロック（Locke）は現代の家族の変化を「"家父長制家族"から"友愛家族"へ」という言葉で表現した。いわゆる父親を中心とした"父権家族"から，夫婦関係・親子関係がより平等で民主的な形態へと変わってきた今日の家族を"友愛家族"と呼んだのである。これまでの家族の歴史研究はヨーロッパにおいて18世紀頃から始まった。

　ドイツの哲学者ヘーゲル（Hegel, 1770〜1831）は「家族とは精神の直接的実体性であって，精神の自己情感的統一すなわち愛が基準となる。愛とは私と他人との統一の意識である。私一人だけでは愛も家族も成立しない」と，観念論的家族論を展開している。

スイスのバーゼル大学のローマ法教授であったバッハオーフェン（Bachofen, 1815～87）はギリシャ・ローマの古典文学の資料から推理して、人類は最初はまったく拘束のない乱交の性生活を営んでいた状態にあり、その社会では父性が不明確であったとして家族の母権論を主張した。しかし、母権制社会が父権制社会より前に存在していたかどうかについては、まだ定説はない。

バッハオーフェンの母権論は、アメリカの文化人類学者モルガン（Morgan, 1818～81）に影響を与えた。彼はアメリカ・インディアンのイロクオイ族などで行われている親族呼称を基本にして、社会進化論の立場から家族は母系制から父系制へと発展してきたと主張し、『古代社会』（1877年）を著した。

現代の世界各地の婚姻制度を分類すると、①集団婚、②一夫多妻制、③一妻多夫制、④一夫一妻制の4つになる。一夫多妻制を社会制度としている社会は、イスラム教の支配的なアラブ諸国、アフリカ諸国、東南アジア諸国にみられる。一妻多夫制は、インドの奥地のトダ族社会、アフリカ・中南米の奥地に住

母系制 → 父系制

① 血族婚家族（同族婚）
② 半血族婚家族（プナルア婚・姉妹と夫・一妻多夫制）
③ 対偶婚家族（期間限定的男女のペア）
　　群婚から単婚にいたる過渡的な婚姻形態。モルガンによれば、この形態は一対の男女間に結ばれる婚姻であるが、単婚のように排他的同棲をともなわず、夫婦が欲する期間だけ結婚が継続するのみで、夫婦結合が不安定な婚姻形態をいう。
④ 家父長的家族（一夫多妻婚）
⑤ 一夫一妻家族

む部族社会にみられると報告されている。一夫一妻制が先進諸国で法制化されているのは周知のとおりである。集団婚は社会の婚姻制度として制度化されていることは認められていないが、コミュニティやコミューンなどある集団の共同体的生活のなかで私的な男女関係としての事例は認められている。

現代の日本の家族制度は父系制で、一夫一妻制である。居住形態は家族の状況に応じて、親子同居や別居、父方居住、母方居住と、フレキシブル（柔軟）な形態をとっている。その家族形態は核家族（夫婦と未婚の子ども）であったり、直系家族（親夫婦と子ども夫婦の同居）、複合家族（大家族・親夫婦・子ども夫婦・孫夫婦などの同居）であったりする。核家族は60.6％（2004年）で、そのうち夫婦のみの世帯は21.9％、ひとり世帯は29.5％である。三世代家族は9.7％（2005年）である。さらに、高齢化と未婚傾向の進展によって「3世帯に1世帯がひとり暮らし」（37.4％）となり、ひとり暮らしのうち39.3％が65歳以上となっている。1世帯の平均人数は2005年現在で2.56人だが、2030年には2.27人になるであろうと推計されている。

次に、現代の婚姻の形態についてみてみよう。

①法律婚――法律的に婚姻届を戸籍管掌機関に提出した結婚で、子どもの法的位置づけは嫡出子（ちゃくしゅつし）。
②事実婚――結婚式を行い社会的には夫婦として承認されているが、婚姻届を提出していないため法律的には内縁関係にある。子どもの法的位置づけは非嫡出子。
③契約結婚――一定の同棲期間を契約し、契約更新にどちらか一方、または双方が反対するまで男女の共同生活を営むもの。

④重婚的内縁——既婚者が配偶者以外の男女と共同生活を営んでいる男女関係（不倫と呼ばれる場合もある）。

⑤子どもをつくらない夫婦——DINKS（Double Income No Kids）。これに対してDEWKS（Double Income Employed With Kids；子どものいる共働き家族）という表現もある。シェーカー教徒のように性交を否定することを条件にして子どもをつくらない決定婚の夫婦もある。

⑥コミューター・マリッジ（Commuter Marriage；別居結婚）——結婚しても同居しないことを同意のうえでの決定婚（仕事などの関係で週末は夫婦のどちらかの住居で過ごす）。

⑦ステップ・ファミリー（Step Family；継親子家族）——離婚した男女が子連れで新しいパートナーと再婚して形成された家族。

⑧スウィンギング（Swinging）——婚外性交を享楽する夫婦交換。

⑨オープン・マリッジ（Open marriage）——夫婦が互いに承知のうえで配偶者以外の複数の愛人と性的関係をもち，配偶者の愛情交換の権利を寛容に認め，許しあっている開かれた結婚。

⑩グループ・マリッジ（Group marriage）——数人の男女が同居して，住居・生計・性的関係を共有している人々。

⑪コミューン（Commune）——理想社会をめざして複数の男女が生計・財産・性的関係を共有して共同生活を行っている生活共同体。

⑫同性婚——男性あるいは女性の同性同士が同居して性的関係や家計をともにして生活しているカップル。

以上のように，現代の先進諸国では，法律婚以外の親密なパートナー関係において異性間の同棲だけでなく，同性のカップル関係も制度的に認められてきている。

　次に，欧米諸国におけるこうした親密なパートナー関係の変化の社会的背景を，異性間および同性間のパートナー関係に対する法的保障の内容と結婚の目的についてみてみよう。

2 親密なパートナー関係の多様化（恋愛・性・結婚）

　まず，恋愛・性・結婚の関係について，その歴史的変遷をみてみよう。

　前近代社会においては，恋愛と性・結婚は結びついたものでなく，切り離されたものであった。フランスの作家スタンダール（Stendhal, 1783～1842）は，彼の小説（『赤と黒』など）で恋愛至上主義を主張している。貴族も庶民も恋愛の対象者と結婚相手とが異なる恋愛・性関係の自由な時代があった。やがて近代社会に入り，恋愛は結婚へ結合することになり，結婚前の性交渉はタブーとされた。他の好きな相手と性関係をもったりする自由がなくなり，女性の「処女性」(性体験のない未婚の女性)が優生学的な見地から吹聴されるようになった。

　第二次世界大戦後，男女交際の自由化がなされ「恋愛結婚至上主義」が一般的になった。しかし，社会的に男女交際が自由になったようにみられるが，実は結婚へと統制されることになったのである。1960年代からヨーロッパ，アメリカ諸国において黒人解放運動，女性解放運動の機運が高まるなか，性革命が

生じ，欧米では法律婚よりも事実婚がライフスタイルのひとつとして積極的に選択されるようになった。それにともない婚姻率が低下し，婚外子出生率が増加するようになった。

3
スウェーデンのSAMBO法

　スウェーデンでは1987年にサムボ（SAMBO：同棲）法（正式名称は「サムボの共同住居に関する法律」）が制定され，同棲形式が合法化された。その結果，結婚同居しているカップルよりも同棲カップルの比率が高いという状態になった。こうした婚姻状況を反映して，2003年には出生子全体の約55％が婚外出生子となった。

　SAMBOカップルの増大に反比例するかのように婚姻数が減少している。2003年では20～34歳のスウェーデン人のうち法定結婚をしている人の割合は約18％であった。

　また，SAMBO法の制定によって，SAMBOのパートナーにも財産，預金，生命保険，株など財産分与・相続などについては，法律婚と同様なルールで適用されるようになった。

　1987年にホモセクシュアル同棲法も制定されたが，2003年に改正された同棲法では，同性カップルも異性カップルも統一的に扱われるようになり，ホモセクシュアル同棲法は廃止された。

　1994年にパートナーシップ登録法が制定され，同性カップルはパートナーとして登録すれば，法律婚とほぼ同じような法定権利と義務とをパートナーに対してもつようになった。ただ違

いは，法律婚の挙式の方法には教会婚と市民婚の2種類があるが，パートナーシップ登録の場合には市民登録儀式でのみ挙式できることである。同性カップルの「婚姻」に相当するものを「パートナーシップ」と呼んでいる。

また最近では，同性カップルも親となって子育てを担うことが法的に認められるようになった。このようにして，パートナーシップ登録には，法的権利の獲得だけでなくパートナー関係認知や2人の間の親密性の確認というシンボリックな面もある。

4
アメリカの同性婚をめぐる論争

マイケル・サンデル教授はアメリカの国，州がとりうる結婚に対しての方針には3つあると指摘している。
①結婚は生殖を目的とするもので，男性と女性の結婚のみを認める。
②同性婚と異性婚を認める。
③結婚の制度廃止：多元的社会にいる私たちは，国や州の公的機能としての婚姻を認める制度を廃止し，個人が選択する権利を認め，証明が必要なカップルには民間団体や教会が行えばよい。

同性婚論争の賛成派にも反対派にも，③の結婚制度廃止案を擁護する人はこれまであまりいなかった。

しかし，この案によって結婚の目的と定義について考えなければならないことが明確になった。マサチューセッツ州最高裁

判所の裁判長マーガレット・マーシャルは判決文で次のように説いている。彼女によれば，結婚の本質は生活でなく，2人のパートナーの間の恒久的約束，つまり独占的愛情関係——2人が異性であっても同性であっても——である。同性間の関係は，異性間の関係と同様に尊重に値する。結婚を異性間のみに限るのは，同性間の関係は本質的に不安定で異性間の関係より劣り，尊重に値しないという有害な固定観念にお墨つきを与える，と。

　ちなみにアメリカにおいては，2003年，マサチューセッツ州は州最高裁判所の改定により同性婚を法的に認めた。カリフォルニア州も同性婚を認めていたが，2008年に州民投票で覆された。ヴァーモンド州は司法判断でなく，2009年，立法で合法化された。

　サンデル教授は，私たちがこのような論争・対話を通して，ともに考え，避けられない不一致を受け入れられる公正な社会，公共の文化をどうしたらつくり出していけるかという問いに答えて生きていかなければならないと主張している。

5
フランス，イタリア，その他の国々

　フランスでは1999年に「連帯市民協約（PACS）」の制定によって，異性であれ同性であれ結婚していないカップルも，相続・贈与・税の控除，住宅賃貸契約について結婚夫婦に準じた権利が認められるようになった。

　カソリック教会の影響が強いイタリアでは，2007年，政府が

同性同士も対象にした「共同生活に関する権利と義務(DICO)」法案を議会に提出したところ，教会やカソリック系議員から「伝統的な家族の否定だ」と猛反発を浴び，法案のゆくえはまだ定まらない状態にある。

　その他の国々には，ノルウェー，スウェーデン，アイスランド，ハンガリー，ドイツ，ポルトガル，フィンランド，クロアチア，ニュージーランド，イギリス，スイス，オランダ，ベルギー，スペイン，カナダ，南アフリカなどで登録パートナーシップ法が成立している。

〈参考文献〉
神原文子・杉井潤子・竹田美知編『よくわかる現代家族』ミネルヴァ書房，2009年
倉田真由美（語り手）「婚活白書」『NHKテレビテキスト 歴史は眠らない』8〜9月，日本放送出版協会，2010年
四方壽雄編『家族の崩壊』ミネルヴァ書房，1999年
マイケル・サンデル（鬼澤忍訳）『これからの「正義」の話をしよう──いまを生き延びるための哲学』早川書房，2010年
増子勝義編『新世紀の家族さがし──おもしろ家族論〔新版〕』学文社，2007年
宮本みち子・善積京子編『現代世界の結婚と家族』放送大学教育振興会，2008年
山田昌弘『家族というリスク』勁草書房，2001年
NHK教育放送「ハーバード白熱教室」2010年4〜6月

第4章

愛 の 類 型

1
最高の人生の見つけ方

　ジャック・ニコルソンとモーガン・フリーマンが主演した映画『最高の人生の見つけ方("The Bucket List"；死ぬまでにしたいこと)』(2008年5月，ワーナーブラザーズ）は，60代と70代の同室になった2人のガン患者が余命6カ月と宣告されて，苦しい治療を受けていたが，もうあと6カ月しか生きられないのなら，「死ぬまでにしたいこと」をリストアップして，それを敢行しようと病院を脱出し，1つ1つ実行していくストーリーである。

　そのリストは，①見知らぬ人にも善意を施す，②涙が出るほど笑う，③何か荘厳なものを見る（エジプトのピラミッドに登る），④マスタング・シェルビーで疾走する，⑤スカイダイビング，⑥タトゥーを入れる，⑦世界一の美女にキスする（離婚

後不和になった娘と再会），⑧エベレストに登る（これは実現せず。秘書のトマス〔ショーン・ヘイズ〕がエベレストに登り，2人の遺骨を雪の中に埋める）というものであった。

　ジャック・ニコルソン演じる実業家は4回も離婚を経験している，かなり高慢な人物である。モーガン・フリーマン演じる自動車整備工は家族を大切にする律儀な人物である。その2人が世界中を駆け巡ってこのリストを1つ1つ消していき，最後に"世界一の美女"である，長年音信不通の娘とその孫を訪問して親子の愛情を取り戻すのである。この映画は最高の人生は家族愛，人間愛だということをアピールしている。

　愛については今日まで，様々な専門分野で論じられてきたが，ここでは阪井敏郎先生の"親の真実愛と不純愛"，ヴィクトール・フランクル（Victor Frankl, 1905〜97）の"死と愛"について，さらに"エロスの愛"，"アガペーの愛"などについて述べていきたい。

2　親の真実愛と不純愛

　阪井先生はその著書『愛ある子育て』のなかで，親の愛には「真実愛」と「不純愛」があり，その違いと愛の尺度について興味ある分析をされている。以下で阪井先生の愛の研究を詳しく紹介していこう。

　親の「真実愛（純粋愛）」とは，子ども自身を個性をもった存在として尊重し，現在，ここにその子がいるというだけで神の恵みを感じ，ありがたく思い，愛することである。ただひたす

ら子どもの存在を尊重し，その子が親の希望どおりに動こうが動くまいが，とにかく，そういう親自身の価値観を度外視して子ども自身の意思を尊重し，子どもが安心して自分のやりたいことをやれるという自由を与えるのが「真実愛」である。このような親の愛は，子どもの心に感謝と喜びを満ちあふれさせる。個性的で思いやりが満ちあふれている愛を「親の真実愛」という。

　これに対して「不純愛（利己愛）」とは，子ども自身の意思や感情を無視または軽視して，親自身の良いと思うことを子どもに無理強いして，それを親の"愛"と思っていることである。「親の不純愛」は純粋いちずに子どもを愛しているのではなく，子どものことを思っているが，その反面，親自身の虚栄から子どもを有名校に入れようとか，将来，自分の家業を継がせようといった，親自身にとって都合のよい考えを子どもを通して実現しようとするものであるから，純粋でなく不純というわけである。子どもの心に不安，恐怖，孤独感，不満，憎悪，憤怒といった感情をもたらすことを"恨み心"というが，このような恨み心を植えつけるような愛は間違った愛で，親は子どもに対する「本当の愛」を知らないといえる。

　「真実愛」と「不純愛」ともに「子どもがかわいい」という点では同じ質の愛であるが，子ども自身の意思をまず尊重して，自由を与えようとすると「真実愛」になり，反対に世間体とか親自身の考えを第一と考えて，子どもの自由意思を抑えてしまうと，「不純愛」になるのである。

　ドイツの社会学者マックス・ウェーバー（Max Weber, 1864～1920）は，私たちの社会的行為について次のような4つの類型

を設定している。
① 目的合理的行為——自分の目的のために条件や手段として利用するような行為（功利的行為）
② 価値合理的行為——ある絶対的価値そのものへの，結果を度外視した意識的な信仰による行為
③ 感情的行為——直接の感情や気分による行為
④ 伝統的行為——身についた習慣による行為

　ウェーバーはこれらの社会的行為を尺度として「理想型」を考察しようとした。このようなウェーバーの考え方を応用して，「親の真実愛」の理想型を測る尺度として，次のような項目が考えられる。
① 価値のないものを平等に愛しているか（勉強のできる兄の方を愛し，成績の悪い弟の方を嫌い，叱責するなど）。
② 財，労働，生命，名誉を惜しみなく与えているか。
③ 子どもに安心感と喜びを与えているか。
④ 子どもに自由を与え，自主的に行動させているか。

　親は今，子どもに対してなしている自分の行為が真実愛行為かどうかを検討するには，この理想型の4つの特徴に自分の行為を1つ1つあてはめて，うまく合致すれば「真実愛」の近くにいると判断することができる。

　これらの4つの理想型に照らして，現実の親の行為がネガティブであれば，子どもは情緒障害を起こし無意欲・無感動・無気力になり，時には家族に暴力をふるったり，シンナーやドラッグに走ったりする恐れがあると予測される。

　では，親はどうすれば「真実愛の理想型」に従った行為ができるようになるのだろうか。フロム（Fromm, 1900～80）は，

「愛する技術」を身につけることが必要だと示唆している。

3
愛の6つのタイプ

愛には6つのタイプをあげることができる。
① エロスの愛（Eros）——不純愛
② アガペーの愛（Agape）——真実愛
③ マニアの愛（Mania）——偏執狂的愛，嫉妬，所有欲の愛
④ ルーダスの愛（Ludus）——ゲーム感覚の愛，たわむれの恋
⑤ ストージの愛（Storge）——静かなほのぼのとした愛，老夫婦の穏かな温かい愛
⑥ プラグマの愛（Pragma）——実利的愛，条件つき（Shopping List）の愛

次に，不純愛と対応する「エロスの愛」と真実愛に対応する「アガペーの愛」とについて詳しくみてみよう。

(1) エロスの愛（価値あるものを愛する愛）

古代ギリシャの哲学者プラトン（Platon, B.C. 427～B.C. 347）は，その著『饗宴』で次のようにいう。エロス（愛）とは，自分に欠けていて所有しないものを要求するもので，人間は良いもの，美しいものを欠いているから"真・善・美"を追求するのである。エロスは美に対する愛で，醜悪に対するものではない，と。

エロスは価値あるものを愛し，価値のないものを愛さないという価値追求的性格をもっている。これを親子関係でいえば，

よくできる子どもは価値があるから愛するが、よくできない子どもは価値がないから愛さないという他律的で、本能的なところがある。

学問を愛する愛は、肉体を愛する愛に比べるとずっと高い段階のものであるが、その最高の段階には、"イデア（Idea：真理）"への愛がある。プラトンの"イデア"とは最高の価値のことで、神という言葉は使っていないが、神にも等しいものである。

さらに、プラトンは、肉体という低い段階の愛を否定し、精神的なものを愛するといういわゆる"プラトニック・ラブ"を提唱する。これは、「美しい肉体も、時がたつとおとろえはかないものであるから、もっと確実で、移ろわない精神的なものを愛せよ。そちらのほうがずっと永久的な価値がある」という。

エロスの愛は、自分の好みに合うものだけを愛し、他のものを愛さないという「不平等な愛」でもある。この愛のもとでは社会的弱者、貧者、老人、障害者たちに対する愛は考えられない。しかし、現在の福祉の実態をみると、そこにいかなる愛があるのか、はなはだ疑問である。

(2) アガペーの愛（価値なきものを愛する愛）

キリストの愛はギリシャの愛と違い、相手に価値があろうとなかろうと、また美しさや良さがあろうがなかろうが、それらにとらわれず、自発的に自分の内側から流れ出てくるような愛である（この愛は新約聖書では、アガペーというギリシャ語で表されている）。

宗教改革者ルター（Luther, 1483〜1546）は『唯一者と自由』（岩波書店）で「アガペーの愛は，あふれ流れ出る愛であり，新鮮な泉や小川のように，心のうちからわき出し，絶えず流れて，さめることもできなければ干上がることもない愛である」と述べている。

　キリストの福音の愛とは，いいかえると神は愛する値打ちのない人間を愛するのだ。いな反価値の人間でも，また敵でさえも愛するのだというメッセージである。醜くて価値のない人間でも，このキリストの神は愛するのである。

　子どもに価値がなくても親は愛するから，子どもの心はのびのびと自由になり，心の奥底から歓喜し，親を信じ，親に優しくなり，歓喜がエネルギーとなって何事にも積極的になり，良い行いをしようとするのである。

　「親の真実愛」は，プラトンの価値あるものを愛するという「エロスの愛」ではなく，キリストの価値なきものを愛する「福音の愛であるアガペー」にあたる。親自身の充実した自己から愛があふれ出て子どもに向かい，価値のない子どもも価値のある子どもも平等に愛そうとするのが「親の真実愛」である。

(3) フランクルの愛

　オーストリアの精神医学者フランクル（Frankl, 1905〜97）は，その著『死と愛』のなかで，第二次世界大戦中のドイツのナチズムの強制収容所に収容された自己の経験から，人間の愛について次のように分析している。彼によれば，人間の構造は身体層，心理層，精神層の3つに分かれ，それぞれにふさわし

い愛がある。

①身体層の愛とは，異性の身体（若いとかスリムとか）から性的刺激を受けて，性的衝動を感じて相手と結合するようなもので，純粋に表面的なものである。そのため身体が変わる（老いたり太ったりする）とこの愛はしぼんでいく。

②心理層の愛とは，相手の性格（優しいとかシャキシャキしているとか）にひかれ，エロチックな恋心が生じ，心理的に結びつくことである。この愛もお互いの心理の変化にともなって変わる。たとえば，優しさがなくなったり，他の異性に気がひかれたとかで，心理が変わるとこの愛もしぼんでいく。

③精神層の愛とは，相手の身体的魅力や心理的魅力だけにひかれて興奮するのでなく，相手の「存在そのもの」に感動させられて生じてくる愛である。たとえば，かわいい赤ちゃんが生まれたとき，両親や祖父母は赤ちゃんを抱きあげ「うちのお宝だ」と呼ぶような愛で，赤ちゃんの"存在"そのものがかわいいのである。フランクルはこのような愛が「本来の愛」であり「愛の究極の形」だといっている。

身体の動きや心の動きは，「精神的人格」（存在そのもの）が着ている衣服のようなものである。身体層や心理層での愛は，相手の「もっているもの」，たとえば容貌やプロポーション，学歴，財産といったものにひかれて出てくる愛だが，精神層の愛は，「相手そのもの」「相手があるところのもの」を愛することである。

「真実愛」（精神層の愛）は相手の本質に指向しており，単なる外見的な存在者を超えているから，2人の結びつきは永久に続く。この意味で，「愛は死より強し」といわれるのである。

愛する人の身体は，死によって無になっても，その本質は死によってなくならない。そのため無時間的，長時間的で，「移ろわないもの」なのである。

　幼児を亡くした親，親を亡くした子どもなど，愛する者を亡くした者がいつまでも供養し続けるのは，この本質愛にたっているからである。身体はこの世から消失しても永久に人の心のなかに生き続けることができるのである。それが愛の輝きである。

〈参考文献〉
阪井敏郎『愛ある子育て』家政教育社，1992年

第5章

家族とジェンダー・セクシズム

①
ジェンダーの視点で社会事象をみるとは

　シモーヌ・ボーヴォワール（Simone Beauvoir, 1908～86）が『第二の性』で「人は女に生まれない，女になるのだ」といったのは，1949年のことであった。それから約60年たった現在，私たちはジェンダー（Gender）という概念をつくり出してこのような現実を分析して明らかにするようになった。しかし半世紀以上たった今日でも，この現実は厳然として存在している。

　ジェンダーという考え方は，私たち人間を生物学的な性別（Sex，オス・メス）でみるのではなく，文化的・社会的に形成された性差をもつ人間がどのようにして生み出されていくのか，その社会的メカニズムを明らかにしようとするものである。また，近年，生物学的性別そのものがジェンダーにより規定されるとする考え方も提起されている。ジェンダーは，生物

学的な男女の二分法を前提とせず，男女間の非対称的な階層秩序を構造的に把握しようとする概念なのである。

　男性が女性のようになるのでもなく，女性が男性のようになるのでもない。私たちは両性の具有性（両性の特性をあわせもつ能力）をもつ人間なのであり，どちらの特性が具現するかはその社会，文化の社会規範に支配されているのである。

　たとえば，アメリカが生んだ偉大な文化人類学者マーガレット・ミード（Margaret Mead, 1901〜78）は，ニューギニアの3つの部族を調査してそれぞれの社会で男女に課せられた役割は，本来その種族の男女に内在する能力の結果ではなく，それらはすべてその社会の慣習からできあがった文化の型を学習することによって，男のもの，女のものとなるのであると，次のように明らかにしている。

　ニューギニアの3つの部族のうちの1つ，アラペッシュ族は土地のやせた山の中で暮している。男も女もおとなしく協力的で人がよい。他人の求めに喜んで応じ，子どもに対しては母性的な態度を示し，男女いずれか一方だけに激しい性的衝動があるとは考えない。性や年齢や生まれの違いによる身分の差別はなく，男女老若誰もが同じ1つのタイプに属している。男らしさ女らしさの差異がなく，強いていえば，私たちにとっては「女らしい」性格，つまり受け身で好意的で，子どもを優しくかわいがり世話するのが，アラペッシュ族では男女ともに共通する性格である。

　ムングドウグモア族は川のほとりに住む首狩り人種であるが，ここでも男女らしさに区別がない。男も女も凶暴で嫉妬深く，猜疑心が強く攻撃的で，性行為においても能動的である。

優しさや温かさはほんの少ししかもちあわせていない。生まれたとき，へその緒が巻きついていると，その子どもは後に芸術家という特殊グループに属するが，それ以外のものは，老若男女いずれも同種同格の人間と考えられ，身分や地位の差別がない。私たちの観念での「男らしさ」に極端に近いものが男女らしさなのである。

湖岸に住むチャムブリ族には，男らしさと女らしさの区別がある。女は積極的・能動的で，実際的，実践的，たくましくて決断力に富み，性行為においても能動的である。チャムブリ族は湖上での漁業と，自らの手で作る蚊帳（モスキート・ネット）を魚とともに他の部族と物々交換することで生活しているが，漁業も蚊帳作りも取引も，いっさい女の仕事である。男は逆に線が細くて感じやすく，依存心が強い。実践力が乏しく消極的で，性的にも受け身で臆病である。彼らの主な仕事は踊りや工芸品を作ることである。

このようなミードの研究は，文化とパーソナリティの関係，および女性と男性の性役割がいかに社会規範によって規定されるものであるかを明らかにした画期的な，もはや古典的な研究成果である。

今日のジェンダーの問題の最も卓越した理論体系を確立したのは，ケイト・ミレット（Kate Millet, 1934～）とシュラミス・ファイアストーン（Shulamith Firestone, 1945～）である。

ミレットは『性の政治学』において，「政治」の意味を「権力の構造的諸関係，すなわち一群の人間が他の一群の人間に支配される仕組み」として定義し，生まれによるひとつの集団を別の生まれによる集団が支配するという古くからある普遍的図

式が1つ残っている，つまり，性の分野にはびこっている図式がそれである，と指摘する。私たちの社会秩序のなかで，ほとんど検討されることもなく，いや気づかれることすらなく（にもかかわらず制度化されて）まかりとおっているのが生得権による優位である。これによって男が女を支配しているのであり，その現れ方がいかに目立たないものであろうと，にもかかわらず，性による支配と従属の関係は私たちの文化のおそらく最もびまんしたイデオロギーとして通用し，また私たちの文化の最も基本的な権力概念を与えている，と豊富な文学作品を駆使して解明している。

　これを要約するならば，「性の政治」とは，男の抑圧と支配，女の被抑圧と従属の関係を意味するといえよう。

　そして，このような性の政治が支配的であるような状況を生み出し維持し，永続化を図ってきた元凶がほかならぬ家父長制の体制であり，イデオロギーであることを指摘した。ミレットは家父長制社会における女性の位置を知るための指標として，地位，パーソナリティ，役割という3つのカテゴリーを取り上げ，地位を政治学的要素，パーソナリティを心理学的要素，役割を社会学的要素とした。しかしながらこれら3要素は相互依存関係にあり，1つの連鎖を形づくっている。

　こうして，神話，宗教，法体系における女性の扱い，家族の歴史や性革命とこれに続く反動の歴史，生物学，社会学，心理学，文化人類学等の諸科学，文学等あらゆる側面から家父長制社会における女の位置を分析し，家父長制が体制としてもイデオロギーとしても，いかに貫徹しているかを立証したのである。また，現代の核家族もその性役割（Gender Role）のイデオ

ロギーを与える主要な制度として機能していることも指摘している。

ファイアストーンは，マルクス主義批判の視点で男性優位主義はどこからきたのかを解き明かしている。ファイアストーンは，それを有史以前から存在する「男，女，子どもという基本的生殖単位」である「生物学的家族」に求めている。男女の本質的な性の不平等が男と女を2つの「生物学的階級」に分裂させ，それに基づいて労働の分業が起こった。だからファイアストーンにとっては，経済的不平等も人種差別も性別の拡大されたものであり，歴史を両性の力関係の抗争のドラマ，つまり「性の弁証法」の展開過程として捉える。家族が社会の性格を規定していると指摘し，"私的なるもの""個人的経験"を家族と社会に関連づけ，斬新な視点から文化的社会的なジェンダーの問題を提起している。

また，人間の性科学（Sexuality, Gender Science）の研究で有名なジョン・マネー（John Money, 1921〜2006）は，医学的視点から男と女の実際上の違いはどこにあるのか，何が「男らしさ」「女らしさ」を規定しているのかといった性差（Sex difference）の問題を科学的に研究した。

彼のいう"Sexual Signatures"（性の署名）とは，署名された名によって，ふつうはその人が男か女かわかるとともに，その筆跡がその人の独自性を証明するように，ある人間の男らしさ，女らしさを示す印，いわば性の署名もその人間に独自なものであることをいう。さらに，その社会に規定されている「性役割」は文化の歴史的所産なのであり，両性間の差異のほとんどは元来，なんらかの根拠に基づいたものでなく，男女間にお

ける唯一絶対的なものであること，そして必要最小限の性差は，男性は妊娠させ，女性には月経があり，妊娠して授乳することであり，このような機能はホルモンによって制御されていることを科学的に証明している。

　1978年4月，西アメリカ心理学会（Western Psychological Association）がサンフランシスコで開催されたとき，私はその学会で，ジョン・マネーの特別講演を聞く機会を得た。会場の大ホールは超満員で多くの学者の関心をひいていることがわかった。学会のテーマは「女と男」（Women and Men）で，ジョン・マネーのテーマは "Sex Determination and Sex Stereotyping: Aristotle to H-Y Antigen（性の決定と性のステレオタイプ化）" であった。彼は豊富なスライド資料を駆使して，男と女の性の決定がいかになされるかを胎児の時期のXY染色体のあり方，胎児の性的分化の成長過程，性ホルモンの分泌等から解き明かしていった。

　私が感銘を強く受けたのは，3人の男女の症例のスライドであった。

症例1 子どものできない理由を求めて専門家を頼ってきたXY型染色体をもつ医者の例である。

　彼女は他の点では正常な女性であるが，染色体および生殖巣の面では不完全な男性であり，第二次性徴の発現を促すアンドロゲンに無反応な女性であった。

症例2 24歳になって初めてジョンズ・ホプキンス病院を訪れた男性の例である。

　彼の外観，態度しぐさ，会話のどれをとってみても，遺伝的にも，生殖巣の面でも彼が生まれながらの女性であるという事

実を示すものは何もない。精巣がなくペニスはいくらか奇形ではあったが，出生時に彼は男の子と受けとめられた。精巣はあるが下降していないという仮定のもとで男性と判定され，男の子として育てられたのである。乳房と女性器官の外科手術と男性ホルモンの投与によって，彼の声は低くなり始め，ひげも生え始めた。やがて結婚し幸福な生活をしているという。

症例3 症例2の男性とは対照的な例として，卵巣とペニスに似たクリトリスをもって生まれた XX 型染色体の女性の例である。

　彼女の体内には子宮もあった。出生前，彼女は副腎皮質から分泌される過剰のアンドロゲンにさらされた。出生時には男性とも女性ともいえないまぎらわしい性的形態を示していたが，女性と判定され女の子として育てられた。しかし思春期に入ると，彼女の副腎皮質の分泌が盛んになって，卵巣ホルモンを完全に抑制してしまった。身体は10代の少年のように男性的になり，自分はもしかすると男かもしれないという暗示的な思いは彼女に嫌悪感をもよおさせた。勃起する肥大したクリトリスを災いと考えた彼女は12歳のときに治療のため，ジョンズ・ホプキンス病院を訪れた。

　幸運にも，コーチゾンの合成が成功して，これが男性ホルモンがもたらすアンドロゲン作用の抑制に利用できることは，すでに1950年に発見されていた。コーチゾン治療により，この少女の卵巣は支配力を取り戻し，彼女の身体は女性的になった。その後，彼女もまた成長して結婚した。これまでに息子と娘を産んだが，2人とも正常な子どもである。

以上の3人——医者の妻，幸福な夫，満ちたりた母親——の症例は，男や女であることの意味は，染色体やホルモン，性器自体によって絶対的に規定されるものではないこと，性の分化の発生学的研究からも明らかなように，出生後の社会において性役割は規定されるものであり，絶対に変更不可能な特定の性的ステレオタイプのようなものは何もないことを明らかにしている。

　事実，これらの症例のように，本人が性自認（Sex Identity；自分は男性である，自分は女性である，という自認）している性に手術治療する場合は，その後の社会生活はスムーズにいっているが，思春期になって本人の性自認の反対の性に性転換する場合は，その後の社会生活の適応に困難をともないやすいことが報告されている。つまり，本人は生物学的には女性であるが，男性だと性自認されて，男の子として成長した場合には，後に性転換してもうまく社会適応できない事例が多いのである。このことは，性差異が決定的なものではないことを証明している。

　人はそれぞれの性に対応した幾通りかの生活様式と同時に，ユニークなその人固有のものと認められる「男らしい」あるいは「女らしい」存在様式を有している。「男なら，こうすべきだ」「女なら，そうすべきだ」というステレオタイプがつくりあげた壁を私たちの手で乗り越えることができるならば，男であること，また女であることが真に意味している問題を切り拓いていく将来には輝かしいものがあると，ジョン・マネーは示唆している。

　私たちのステレオタイプ化された今日のジェンダーは，以上

述べてきたように，文化的・社会的に形成された産物である。このような性役割を排除して，新しいモデルとしての両性具有的人間（androgynous human being）の形成こそが，これからの社会に生きる人間の理念型であると考える新しい思想も生まれてきている。

「ジェンダーの社会学」の視点は，男と女の意味を問い直し，究極的には，両者を対比的に捉え葛藤する存在としてみるのではなく，むしろ，ともに人間として対等に相補い合う存在として捉え，女性のみならず男性に対しても，人間を性による拘束性から解放するものである。「ジェンダーの社会学」は，このような課題を社会的，経済的，政治的，教育的，歴史的，文学的，心理学的にあらゆる角度から学際的に，世界的に，研究吟味していかなければならない。この研究分野は「人間と社会」の分析におおいなる展望を開く，ダイナミックで魅力的な光輝く明日を約束している新しい地平線といえよう。

2
セクシズム（Sexism）の現実

私たちは社会的問題に直面すると，「平等社会」とは何かを問う。それは現実の生活は厳然とした「不平等社会」のなかで暮らしているからである。平等社会はあくまでめざすべき理想型なのである。

現実の社会事象の社会的不平等の問題として，レイシズム（Racism；人種差別），エイジズム（Asism；年令差別），経済的貧富の不平等（Working poor；ワーキングプアの問題），セクシズム

(Sexism；男女差別) 等がある。ここでは，社会的不平等を考えるひとつの指標としてセクシズムについて考察していきたい。

　ニジョーレ・V・ベノクレイティス (N. V. Benokraitis, 1944～) とジョー・R・フィーギン (J. R. Feagin, 1938～) は "Modern Sexism"（千葉モト子訳『セクシャル・ハラスメントの社会学』法律文化社，1990年）で，アメリカでの日常の家庭生活のなかで社会化されたセクシズムの例を次のようにあげている。

・若い夫婦は，最初の子どもが男の子だったら歓声をあげて喜ぶ。男の子は家名を継承してくれるし，将来，家族のめんどうをみてくれると思うからである。
・父親は，火曜日の午後に，小学生の息子のサッカーの試合の応援のために，仕事を早退する。ところが，土曜日は休日なのに，高校生の娘のバスケットボールの試合があっても行かないという。
・母親は，息子が庭の芝生を1時間20ドルで刈るバイト料を気前よく払うのに，娘に1時間1ドル50セントの子守りの代金を払うのに「この子はなにもしていないのに」と言って出ししぶる。
・微積分の授業についていけない大学生が2人いた。数学の教授は，女子学生にはその授業をとらなくてもよいとアドバイスをし，男子学生には学生の指導助手をつけ，「一生懸命勉強して，わからないところはたずねなさい」と激励した。
・『ピープル』──人気のある，自己告白の記事をのせる家庭雑誌──は女性の健康を損なう酒類などの広告を一面にのせて，さも「アルコールで心の傷をいやしなさい」というかのごとくである。

「すべての人間（men）は平等である」という民主主義の根元には，女性は含まれていないと教えられてきた私たちは，そういう社会に生まれ，成長し，老いていく。前述の例でみたように，セクシズムは男女の不平等を助長し，強化していくのである。

　意図的であろうとなかろうと，目にみえないセクシズムによって一般化された価値，態度，行為は，男性と女性の問題だけでなく，家族，経済，教育，政治的組織などの基本的な制度にも弊害をもたらしている。

　次に，大阪市の「男女平等に関する市民意識調査」（1997年）をみてみよう。男女平等に関する考え方をみる12項目があげられている。

①個人を尊重し，一人ひとりが納得のいく生き方をするべきだ（個人主義）
②男は仕事，女は家庭を中心にするべきだ（男女分業型・固定的役割分担）
③男性は家族を養う義務がある（男性の家族扶養義務）
④子どもが小さいときは，母親は育児に専念するべきだ（3歳児神話）
⑤妊娠・出産については，女性の意思が尊重されるべきだ（リプロダクティブ・ヘルス／ライツ）
⑥女の子は「女らしく」，男の子は「男らしく」育てるべきだ（ジェンダー）
⑦夫の転勤には，妻は自分の仕事をやめ，ついていくべきだ（女性の自己決定権）
⑧夫婦が別々の姓を名乗ることを認めるべきだ（夫婦別姓）

⑨夫婦は同じ墓に入るべきだ（葬儀のあり方）
⑩夫の浮気は許されるが，妻の浮気は許されない（不倫）
⑪「結婚」しないで子どもをもってもよい（事実婚・未婚の母）
⑫結婚してもうまくいかなければ，離婚すればよい（離婚）

　これらの男女平等に関する考え方を問う項目は，現代の日常の家族生活に直面する事柄である。この調査の結果から，次のような家族観と男女平等意識をうかがい知ることができる。

　「男は仕事，女は家庭」について，同感しないとする女性は61.4％，男性は42.8％となっていて，女性の方がステレオタイプ化された性別役割分担意識の解消をより強く望んでいることがわかる（**図表5-1**）。

　「男性は家族を養う義務がある」という生活維持のための男性への期待は，女性が75.2％，男性が83.8％同感している。特に30歳代の男性では88.0％が同感しており，男性のステレオタイプ化された性別役割の固定観念の解消を期待することのむずかしさがうかがえる。

　「子どもが小さいときは，母親は育児に専念するべきだ」との問いについては，女性が75.0％，男性は79.1％が同感するなどジェンダー意識が強く，日本の女性のM字型就業につながる結果となっている。今後，少子化によって子育て期間が短縮されると，就業形態も変化していくと思われる。

　「女の子は『女らしく』，男の子は『男らしく』育てるべきだ」の考え方に同感しない女性は20歳代で63.1％，30歳代で55.5％と高い率を示しているが，40歳代の女性では同感するとした者が半数以上を占めている。

　「夫婦別姓について」では，同感しないとする女性が

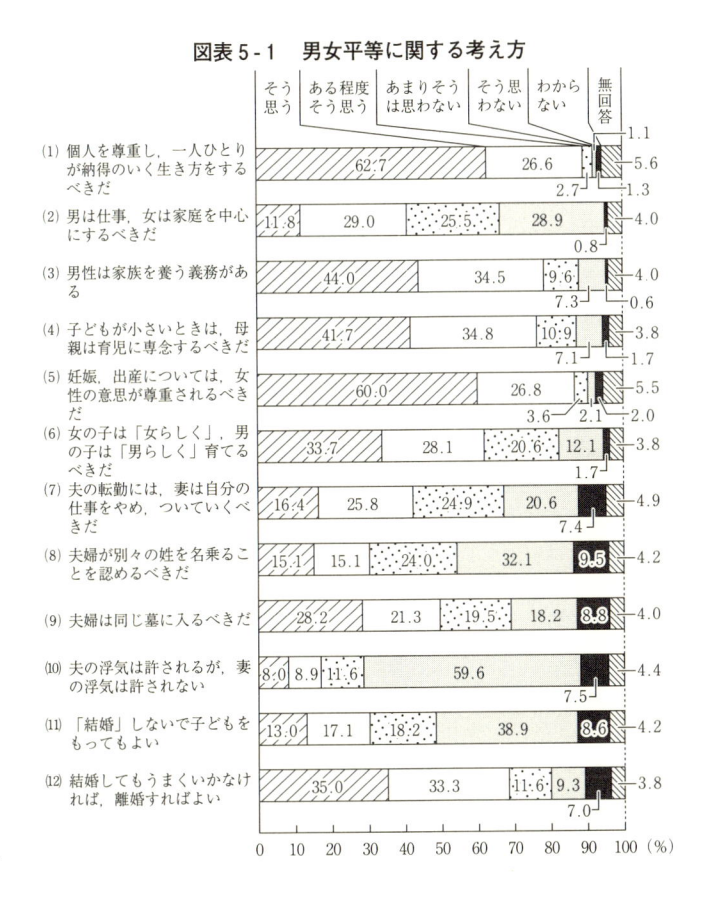

図表5-1 男女平等に関する考え方

	そう思う	ある程度そう思う	あまりそうは思わない	そう思わない	わからない	無回答
(1) 個人を尊重し，一人ひとりが納得のいく生き方をするべきだ	62.7	26.6	2.7	1.1	5.6	1.3
(2) 男は仕事，女は家庭を中心にするべきだ	11.8	29.0	25.5	28.9	0.8	4.0
(3) 男性は家族を養う義務がある	44.0	34.5	9.6	7.3	0.6	4.0
(4) 子どもが小さいときは，母親は育児に専念するべきだ	41.7	34.8	10.9	7.1	1.7	3.8
(5) 妊娠，出産については，女性の意思が尊重されるべきだ	60.0	26.8	3.6	2.1	2.0	5.5
(6) 女の子は「女らしく」，男の子は「男らしく」育てるべきだ	33.7	28.1	20.6	12.1	1.7	3.8
(7) 夫の転勤には，妻は自分の仕事をやめ，ついていくべきだ	16.4	25.8	24.9	20.6	7.4	4.9
(8) 夫婦が別々の姓を名乗ることを認めるべきだ	15.1	15.1	24.0	32.1	9.5	4.2
(9) 夫婦は同じ墓に入るべきだ	28.2	21.3	19.5	18.2	8.8	4.0
(10) 夫の浮気は許されるが，妻の浮気は許されない	8.0	8.9	11.6	59.6	7.5	4.4
(11) 「結婚」しないで子どもをもってもよい	13.0	17.1	18.2	38.9	8.6	4.2
(12) 結婚してもうまくいかなければ，離婚すればよい	35.0	33.3	11.6	9.3	7.0	3.8

	同感する（女性，男性）	同感しない（女性，男性）
男は仕事，女は家庭を中心に	40.8 (34.1, 51.8)	54.4 (61.4, 42.8)
男性は家族を養う義務がある	78.5 (75.2, 83.8)	16.9 (20.0, 11.8)
母親は育児に専念すべきだ	76.5 (75.0, 79.1)	18.0 (20.0, 14.8)
女らしく，男らしく育てるべき	61.8 (54.9, 74.0)	32.7 (39.9, 20.4)
夫の転勤に妻はついていくべき	42.2 (41.0, 44.1)	45.5 (46.9, 43.7)
夫婦別姓を認めるべきだ	30.2 (32.3, 26.5)	56.1 (53.4, 61.3)

出所：大阪市女性協会 「男女平等に関する市民意識調査」1997年

53.4％，男性が61.3％となっているが，同感する者が女性で32.3％，男性で26.5％となっている。世代別では，30歳代の女性で47.5％，20歳代の女性では46.0％が夫婦別姓に同感しており，さらにフルタイム勤務の女性40.5％，パートタイム勤務の女性38.4％と，この問題に直面している20歳，30歳代の女性が夫婦別姓の制度化に積極的な姿勢を示していることがわかる。

「結婚してもうまくいかなければ，離婚すればよい」という考え方に同感する人は全体で68.3％，同感しない人20.9％と，男女とも離婚を否定しない考え方が顕著に表れている。民法改正案として「5年以上の継続別居」を離婚原因として新たに加えようとする動きもあるが，破綻主義の立場にたった離婚の容易さが加速されるとの反対論も強く，法改正にはいたっていない。

この調査の結果からもわかるように，家庭の形態やライフスタイルの選択のあり方は，多様化しているようにみえるが，結婚や育児に対する固定的役割分担意識や家族についての意識は旧態依然としており，こういった家族におけるセクシズムが，次に述べる「セクシュアル・ハラスメント」を生じさせる要因の1つになっているといえるだろう。

3
セクシズムの3類型

アメリカの社会学者ベノクレイティスとフィーギンは，セクシズムを次の3つのタイプに分類し，明晰な分析をしている。①「あからさまな差別」——現実に経験的に目に見える女性に

対する不平等で有害な扱いをいい，たやすく検証できるタイプ。

　たとえば，セクシュアル・ハラスメント，ストーカー，差別的な言語や悪質な冗談，身体的暴力，暴行（レイプ，近親姦，妻の虐待）や，家族，就業，政治，宗教等，社会制度的部門における不平等な扱いがある。経済面では，同一の仕事における賃金差別，昇進の機会の欠如，男女別の労働市場（男性職，女性職，性を問わない職の区別による就学の不平等性）などがある。
②「巧妙な差別」——日常生活のなかで社会化され，受容され，習慣化され，あたりまえのように行われているタイプ。

　たとえば，男性が女性のためにドアを開けるマナーとか，たばこに火をつける行為は，一見礼儀正しい態度のように思われるが，男性が女性を従属的なものとみなしている"みせかけの騎士道精神"の発露の結果であり，毎日の家族生活のなかだけでなく，精神的・経済的にも男性の優位と女性の劣位の支配関係を永続化するものである。

　あるいは，男女のデートの際の会話のあり方，親の男の子と女の子とのしつけの態度や会話の相違，家事労働や育児にかかわる女性と男性の意識や行動の相違，職場における女性と男性の待遇の相違など，女性の商品化，搾取化，支配化は日常生活のなかであたりまえのように行われている。
③「目に見えない差別」——社会構造のなかにしっかり組み込まれていて，内々ひそかに悪意に満ちた動機づけによって，女性に不利益な処遇を強いるものである。このタイプは記録も保存されず，それを立証することも容易ではない。被害者は自分が「標的」であることすら意識していないこともあり，立証・

解決が最も困難なセクシズムのタイプ。

　たとえば"トークニズム（名目主義）の仕組み"がそうである。女性，黒人，マイノリティ，障害者，高齢者など代表性のない集団や個人を，戦略上，見えるところにいわゆるトークン（代用コイン）として名目的なものとしておくことによって平等性を装おうとする仕組みなどがそうである。つまり，多くの女性が高い賃金，高い地位，権力のある地位につくことを各部門のゲイトキーパー（審査者）によって忌避しようとする社会構造的なメカニズムである。

　これらの3つのセクシズムのタイプは，個人，組織，社会制度の各レベルで作用し，様々な形態のセクシュアル・ハラスメントがみられる。今やこれらは女性の権利と人権を侵害する深刻な社会問題となっている。

　「女性の権利は人権である」——私も出席した中国・北京で行われた第4回国連世界女性会議（1995年）の北京宣言で使われた有名な言葉である。この北京での190カ国のNGOと世界各国政府の代表の女性たちが集って出した世界へのメッセージは，参加者に強い感動と共感をよび，さらなる問題意識と行動を促すものとなった。女性の人権を推進，擁護する立場から，とくに"女性に対する暴力"と"リプロダクティブ・ヘルス／ライツ（妊娠，出産，中絶，セックスなどは女性自身が選択して決める権利があり，女性の健康維持に不可欠な権利・性の自己決定権）"が大きな課題として注目されるようになった。

　"女性に対する暴力"とは性に基づく暴力行為であり，公的・私的な生活で発生し，女性への身体的，性的，心理的危害や苦痛，強制や自由の剥奪となるか，またはその恐れのあるも

のと定義づけられる。その暴力には次の3つのタイプがある。
①家庭内暴力——夫による暴力，女の子に対する性的虐待，夫婦間のレイプ，慣習による女児殺し，女性の性器切除
②社会での暴力——レイプ，セクシュアル・ハラスメント，ストーカー，女性の売買，強制的売春
③国家による暴力——戦争中の女性へのレイプ（これは戦争犯罪であるという考え方が確立している）

このような女性に対する暴力を撤廃していくために，国は積極的な施策をとる責任があることを，国連は1993年「女性に対するあらゆる暴力の廃絶宣言」で明らかにしている。これによって女性への暴力は人権問題として認識されるようになったのである。こうした背景のもとに，セクシュアル・ハラスメント，ストーカー，売買春，従軍慰安婦問題などが女性に対する性的暴力として社会問題化するようになった。

総理府（現・内閣府）は，1995年に「男女共同参画に関する世論調査」において，「女性の人権が尊重されていないと感じるのは，どのようなことについて」かという調査を行っている（**図表5-2**）。女性の人権が尊重されていないと感じることの第1は，「職場におけるセクシュアル・ハラスメント」（41.3％）で，次いで「家庭内での夫から妻への暴力」（39.5％），「売春・買春」（34.7％），「女性の働く風俗営業」（28.0％）の順となっている。男女を比較すると，すべての項目について女性の方が女性の人権が尊重されていないと感じる者の割合が高いが，とくに「職場におけるセクシュアル・ハラスメント」については男女差が大きい。

このような調査の結果が示していることは，セクシズムの現

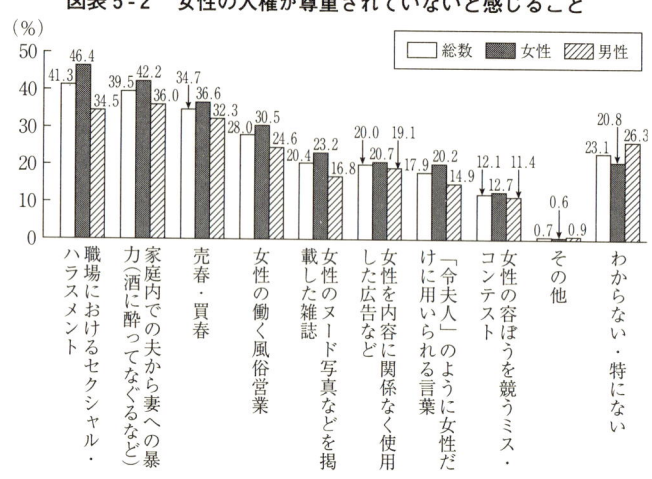

図表5-2　女性の人権が尊重されていないと感じること

(%)

項目	総数	女性	男性
職場におけるセクシャル・ハラスメント	41.3	46.4	34.5
家庭内での夫から妻への暴力（酒に酔ってなぐるなど）	39.5	42.2	36.0
売春・買春	34.7	36.6	32.3
女性の働く風俗営業	28.0	30.5	24.6
女性のヌード写真などを掲載した雑誌	20.4	23.2	16.8
女性を内容に関係なく使用した広告など	20.0	20.7	19.1
「令夫人」のように女性だけに用いられる言葉	17.9	20.2	14.9
女性の容ぼうを競うミス・コンテスト	12.1	12.7	11.4
その他	0.6	0.7	0.9
わからない・特にない	23.1	20.8	26.3

出所：総理府「男女共同参画に関する世論調査」1995年

実である。男性と女性の違いによって，いわゆるジェンダーによって"セクシュアル・ハラスメント"の問題の受けとめ方が違うことに注目しなければならない。

このようなジェンダー観の相違を私の行った調査結果から次にみてみよう。

4
ジェンダーの実態："男の十戒""女の十戒"

"モーゼの十戒"をもじって，女性と男性のジェンダー観を調べるために男女両方が自分の性の"いましめ"と異性の性の"いましめ"として10項目を自由に書いてもらった。これは1999年に，ある地方公務員の管理職層30歳代から60歳代の男女

を対象に調査した結果である。

　これによると、女性が"男の十戒"としてあげている顕著な項目は、①家事・育児を分担せよ、②弱者に対してやさしさ、思いやりをもて、③女、子どもに暴力をふるうな、④家族を愛し、家族とともに過ごす時間を大切にせよ、⑤職場で女性を甘やかさず、男性と同様に一人前として扱え、⑥権限もなく気軽に女性に指示するな、⑦職場内・家庭内で連続性のある人間であれ、⑧酒の席で重要なことを決めるな、⑨決断力・判断力、方向性をもて、⑩女性を対等なパートナーとして認めよ、であった。

　男性が"女性の十戒"としてあげている項目は、①夫よりでしゃばるな、男を立てよ、②都合のいいときだけ、女を前面に押し出すな、③細やかな気配りをせよ、他人の気持ちを考えよ、④キャリアウーマン的な顔をするな、⑤女性の繊細さ、やさしさを発揮し、職場を和ませる存在になれ、⑥男性におごってもらうことを当然とするな、⑦経済的に自立せよ、⑧涙を武器にしてはならない、⑨家庭にやすらぎを与え、家庭を守り、内助の功をつくせ、⑩共働きのときは夫を教育せよ、であった。

　これらの項目から、女性が男性に期待し、改めてもらいたい意識変革の叫びが聞こえてくるし、また、男性が女性に何を期待し改めてもらいたいのかというステレオタイプ化されたジェンダー観が鮮明に浮き上がってくる。とくに、男性の女性への優位性を示す意識構造は、今日でもなお、セクシズムをはびこらせる基底になっていることがうかがえる。

　このようなステレオタイプ化されたジェンダー観がセクシズ

ムを生むのであり，それがセクシュアル・ハラスメントやストーカー行為に発展していくと考えられる。

〈参考文献〉
四方壽雄編『家族の崩壊』ミネルヴァ書房，1999年
千葉モト子『家族と社会』シグナル舎，1985年
ニジョーレ・V・ベノクレイティス／ジョー・R・フィーギン（千葉モト子訳）『セクシャル・ハラスメントの社会学─モダーン・セクシズム』法律文化社，1990年
矢島正見編『新版　生活問題の社会学』学文社，2001年

第6章

日本の家族の抱えるリスク

1 リスク社会と家族

　日本は，これまで経験したことのない少子・人口減少社会に入った。これからの家族の抱えるリスク（若者のフリーター，ニート，パラサイト・シングル，離婚の増加，老親の介護，親子関係のあり方，ドメスティック・バイオレンス，不登校，ひきこもり，共働き家族と労働の問題など）について分析し，その対処策について考えていきたい。

　山田昌弘氏は『家族というリスク』のなかで，家族のリスクを生み出す基盤である日本や世界の社会の動きについて次のように述べている。現在の日本に生じている生活の不安定化は，国際社会の枠組みや世界経済の変化にともなって生じているものである。つまり，リスク化や二極化（上流・下流の格差，量的・質的格差，勝ち組・負け組），さらに人々の不安拡大や青少年

の生きがい（希望）喪失は，日本だけでなく，アメリカをはじめとして多くの先進資本主義諸国に共通して起こっている現象である。

従来，社会が発展し，経済的に豊かになれば，生活は快適になり，人々の幸福度が増すはずであると考えられてきた。しかし最近では，ある段階を過ぎると，かえって社会の不安定さが増すという議論が盛んになっている。

イギリスの社会学者でブレア元首相のブレーンとしても知られるアンソニー・ギデンズ（Anthony Giddens, 1938～）は『暴走する世界』で，社会を秩序づけていた確実性が失われ，社会は"暴走（run away）"し始めていると指摘している。

ポーランド出身の社会哲学者バウマン（Bauman, 1925～）は『リキッド・モダニティ（液状化する社会）』で，社会の様々な制度がまるで液体のようにとらえどころのないものになっていると説き，"人生を使い捨てている（wasted lives）"人が増えていると警告している。

フランスでは，社会学者ボードリヤール（Baudrillard, 1929～2007）が『不可能な交換』で，社会のあらゆる領域に不確実性が浸透し始めたと論じ，社会学者ブルデュー（Bourdieu, 1930～2002）は『市場独裁主義批判』で，ニューエコノミーでの成功者の対極に，市場から「はじかれた人々」が増大することに危機感を抱く。

アメリカでは，都市社会学者マニュエル・カステル（Manuel Castells, 1942～）が『ネットワーク社会』で，IT化にともなうネットワーク社会のマイナス側面に懸念を表明している。家族社会学者ステファニー・クーンツ（Stephanie Coontz, 1944～）は

『家族に何が起きているか』で，大多数のアメリカ家族の生活基盤が損なわれていることを指摘し，感情社会学者ホックシールド（Hochschild, 1940～）は1990年代に入ってからの労働環境の変化によって，現代アメリカ人が「時間に追われる生活」を強いられている状況を描いている。

さらに，ドイツの社会学者ウルリッヒ・ベック（Ulrich Beck, 1944～）は1986年に早くも『リスク社会』で，先進諸国における近代化の進展が社会の多くの領域で意図せざる結果（思いがけない結果）を生み出していることを"リスク社会"と呼び，これからの社会はリスクをともなったものになることを環境問題から労働・家族問題にいたるまでを描き，家族や労働の分野での不安定化の進行がいかに人々の意識・行動にマイナスの影響を及ぼしているかを指摘し，警鐘を鳴らしている。これらの研究者の用いている言葉は異なるが，現代社会が向かっている方向は一致した見解を示している。

事実，私たちはリスクを意識しなければ生活できない時代に生きている。つまり，リスクの普遍化現象が起きているのである。タバコのパッケージには，タバコを吸えば，肺がんによって死亡する危険性が2～3倍になるというメッセージが印刷されているし，コンピュータをインターネットにつなげれば，ウイルスに感染するリスクにさらされる。地震が起きる可能性が高まっていると報道されると，避難セットを買い求める人が増え，お金を銀行に預けようとすれば破綻リスクを考えなさいと説明される。

さらに，犯罪統計をみても"ひったくり"はどこでも起こりうる出来事になったし，学校の安全も問われるようになり，登

下校も危険をともなうようになった。また，食品についてはBSE（牛海綿状脳症。一般的には狂牛病といわれる），鳥インフルエンザ，毒入りギョーザ，偽装製品など安全を揺るがす問題が続発し，安心して食べられなくなっている。いつ失業するかもわからないし，離婚するかもわからない（失業離婚）。老後を安心して暮らしていける年金がもらえるかどうかもわからないし，病気になっても，すぐに医者に診てもらえるかどうかもわからなくなってきている。このように，いつのまにか，私たちの周りはリスクだらけといっていい状況ができている。

　近代社会が発展すればするほど，リスクはなくなるどころか，リスクを意識して生活せざるをえなくなっている。なぜなら「伝統からの解放」という近代社会の基本的方向性がリスクを生み出す根本原因だからである。

　こうして，社会の不確実性が増大し，生活がリスクに満ちたものになると，成功者の蔭で弱者が社会からはじかれ（勝ち組と負け組），その結果，社会秩序は不安定化する。そして，人々は一度味わった豊かさや自由を捨てることができず，その豊かさを維持するためにとる行動や「伝統から解放」された，そして自由な行動がリスク化や二極化（上流と下流の格差，量的と質的の格差）をもたらす原因ともなる。

　個人にとっても，社会にとっても，政府にとっても，この2つの流れを前提にして，行動する必要に迫られる。個人がひとりでこれらの流れに逆らおうとしても，溺れてしまうことは必至だろうし，政府が無理にこれらの流れを押さえ込もうとしても，かえってもっと大きな困難に直面してしまう。高度成長期を経たある程度の裕福な生活が達成された今，人々が幸福に生

きるうえで必要なものは，経済的な用件よりも，心理的な用件であるようだ。

　21世紀を迎えた現代，新しく生じつつある環境にうまく対処する知恵が個人的にも社会的にも必要とされている。近年では，このような不安定化したリスク社会を再建するために，家族の果たす役割に注目と熱い期待が注がれるようになってきた。

　リスク社会においては，リスクの個人化，自己決定，自己責任が問われる。リストラ，失業離婚，ドメスティック・バイオレンス，児童虐待などに個人が直面しても，それは自己の選択の結果の出来事であり，家族や企業に援助を望めそうにもない。このように，リスクが普遍化し，リスク・ヘッジ（Risk Hedge；リスクに対処する方法）やリスク処理の責任が個人化すると，人々の社会意識に大きな変化が現れる。将来設計について戦略的に考える人々が増える一方，生きにくい経済的社会的背景があることをふまえたうえでも，自ら努力することを放棄し，リスクに目をつむり現実から逃避するという，自己責任とは逆の人間類型が生み出される。フリーター，ニート，パラサイト・シングルなどがそうである。

　"家族は社会の縮図である"というのが私のテーゼ（命題）であるが，このような不安定化したリスク社会における家族が抱えるリスクにはどのようなものがあるのか。次に，それらを明らかにし，そのリスク・ヘッジの重要性について考えていきたい。

2
日本の家族の抱えるリスク

　日本の家族の抱えるリスクには，次のようなものが考えられる。
①結婚したくても相手がみつからないリスク（シングル化）
②結婚しても離婚するリスク（夫婦関係の破綻）
③夫が失業したり収入が低下するリスク（専業主婦のリスク）
④親が介護状態になるリスク（老親の介護）
⑤子どもが結婚しないまま家に残り続けるリスク（パラサイト・シングル，ニート）
⑥高齢期にゆとりのある生活ができなくなるリスク（老後のリスク，年金の目減り，病気）
⑦親子関係のリスク（非行，家庭内暴力，不登校，ひきこもり，子どもと老人の虐待，育児ノイローゼ，母性神話，3歳児神話）
⑧家族のセクシズムとジェンダーのリスク（ドメスティック・バイオレンス，共働き家族の二重労働負担，家事・育児と職場労働の問題〔ワーク・ライフ・バランス〕）

　このような家族のリスクについて学ぶことによって，家族の変貌，多様性を理解するとともに，これからの家族と社会のあり方，自己と人間と社会に対する認識を深め，視野を広げる家族社会学の面白さを体得することができるだろう。
　ところで，このような日本の家族の抱えるリスクを考えるにあたり，私のクラスの学生に上記①～⑧の家族のリスクについて，ライフ・ストーリーとそのリスク・ヘッジを社会学的想像

力を駆使して書いてもらった。すると次のような興味あるストーリーをレポートしてくれた。あなたも各項目のリスクのライフ・ストーリーを書いてみよう。

①結婚したくても相手がみつからないリスク
事例1　結婚したくても相手がみつからない人に多いのは，家に閉じこもってあまり人と触れ合わない人や，人見知りな人があげられる。人と触れ合う機会が少ない人は，やはり出会いも少ないし，結婚相手もみつかりにくい。結婚相手というのは，お見合いという手もあるが，やっぱり，自分でこの人という人をみつけるのが一番だと思う。人見知りの人も自分から積極的に相手をみつける努力をすると絶対いずれいい人がみつかると思う。結婚をしたいのなら，相手がいつみつかるかと思って待っているのではなく，自分から探す勇気をもつことが大切だと思う。

　よって，結婚したくても結婚できない人のリスクというのは，もっと自信をもって，一歩踏み出す勇気があれば，解決すると僕は思います。

事例2　派遣社員は職場との関係が安定していない。したがって，出勤時間はバラバラになる可能性があり，帰宅時間も同様である。プライベートの時間の予測がしにくいため，相手がいたとしても今後の予定が立てにくい。そもそも異性と交際にこぎつけることがむずかしい。派遣社員が職場で相手を求めようとするだろうか。いつ職場が変わるかどうかもわからず，日払いならば日によって労働時間，環境も異なる。職場以外にしても，派遣社員は生活費を確保するのがやっとのはずであり，交

際相手を求めて遊ぶ余裕は時間的にも金銭的にもないはずである。派遣から正規雇用へ移行することは困難であるから，仮に正社員になって結婚できる（あるいはしたいと思う）ようになる時期には，決して若いとはいいがたい。結婚できても晩婚になる可能性が高い。救済措置としてはハローワーク，職業紹介所ではなく，公共投資による公的な労働需要をつくり，正規雇用への道を広くすることである。

②夫が失業したり収入が低下するリスク
事例3　子どもがいて，これからお金が必要になる時に，夫がリストラされて，専業主婦だった妻が，夫の収入がいきなりなくなり，生活できなくなったために，生活を助けるためパートで働き始めた。しかし，夫は仕事をみつけずに家でダラダラするばかりで妻の負担が大きくなり，とうとう離婚してしまった。その後，妻が子どもを引き取り，パートをしながら育てている。

③子どもが結婚しないまま家に残り続けるリスク
事例4　家族構成は父，母，兄，弟の4人で少し貧しい。兄は結婚して家を去り，弟は大学を卒業してから，仕事にも就かず，暇を持て余して，遊んだりダラダラしている。バイトも派遣をちょいちょいやっているが，自分のために勝手に使う金を稼ぐだけで親の負担はほとんど昔と変わっていない。典型的なパラサイト・シングルである。親は何も言わないで，ただただ，子どもを甘やかしているように思える。解決策としては，親も親で，子どもをしっかり教育した方がいいし，結婚した兄

も弟に喝を入れて，まずは仕事に就くようにさせる。時間をかけて家を出て自立できるように仕向ける。

事例5 僕の友達にニートがいます。その子は高校を卒業して専門学校に行っていたが，彼女と同棲していました。ある日，彼女が働けなくなってしまいました。それで，友達が働いて家賃や光熱費などを払うようになった。しかし，その後，彼女と別れてしまいました。その時に，昔から興味のあった刺青を入れ始めました。墨を身体全部に入れてしまったため普通の仕事がしたくてもできません。知り合いに仕事を紹介してもらっても長く続きません。今は，彫り師になるための勉強をしています。

④高齢期にゆとりのある生活ができなくなるリスク
事例6 家族構成はおばあちゃん，息子夫婦，孫の4人家族である。おばあちゃんは最近ボケはじめてお金の管理を息子夫婦に任せていました。具体的には，貯金通帳を息子夫婦に渡して管理してもらっていました。金額は約1000万円です。しかし，息子の妻は贅沢好きでおばあちゃんの貯金をみな使い込んでしまいました。これによって，おばあちゃんの貯金は0になってしまいました。

⑤親子関係のリスク
事例7 昨年，私が児童養護施設に実習に行った時に聞いた事例です。父親は2年前に死亡し，母親（32歳）は夫の死をきっかけに，うつ病にかかり，子どもの世話ができなくなってしまった。姉（小学6年生），弟（小学4年生），妹（小学2年生）の3

人兄弟は児童養護施設に預けられた。入所後，姉は万引きや施設内の物を盗んで部屋に隠すという行為を繰り返した。妹は小学校で同級生に暴力を振るうようになった。弟は施設でも学校でも他人に心を開かず，無口になってしまった。

　死というものは，リスクが招く結果のなかで一番恐ろしいものだと思う。特に，若くしての死というものは，家族に計り知れないショックを与えると思う。この事例のように，父親が死亡した場合，妻である母親がショックを受けると同時に，子どもたちも父親を亡くしたショックを受けている。しかし，母親がショックで病気になってしまい，子どもたちの心のケアをする人がいなくなってしまった。母親が病気になってしまう前に，心のケアをしてあげられる人がいれば，今回のようなことは起こらなかったのではないかと思った。また，子どもたちが施設に入所した場合，親代わりとなる職員が，子どもたちと信頼関係を築き上げ，心のケアをしていくことが必要である。さらに，施設には，様々な家庭環境をもつ子どもたちが入所しているので，子どもたちの間の信頼関係を築き上げていくことも大切である。

事例8 非行や家庭内暴力が起こる原因は子どもにあるという考えが一般論だと思う。しかし，私はその子どもの親にこそ本来の問題があると考えています。親の問題というのは，子どもと真剣に向き合う気がないというところです。もし自分の息子が15歳で夜遊びをよくするといった非行をしたら，現代の親はただそのことを叱り，規則を厳しくするだけでもっと子どもを縛りつける。その結果，子どもは非行だけでなく学校にも行かず，遊びまわっているが，親はもうあきらめ半分である。こう

なった場合の解決策は親は子どもを縛りつける存在になるのではなく，なぜ夜遊びにいくのかなどの理由を聞いて相談役になれば子どもは素直に聞くようになると思う。

事例9 親子関係のリスクとは，子どもの非行や親の離婚や再婚によって起こりうるものだと思う。たとえば，親が離婚，再婚を繰り返すと，子どもからしたら家庭環境がコロコロ変わり，本来やすらぎを求める場が，そこに居づらい場になる場合が多いと思う。それで，家に帰るのがイヤになり非行にはしり，親子の触れ合いが少なくなる。親に対する信頼もなくなる。

〈参考文献〉
ウルリヒ・ベック（東廉・伊藤美登里訳）『危険社会—新しい近代への道』法政大学出版局，1988年
矢島正見編『新版　生活問題の社会学』学文社，2001年
山田昌弘『家族というリスク』勁草書房，2001年

第7章

子どもと離婚後の問題

1 離婚の歴史的背景

　かつて，日本では江戸時代から明治時代にかけて，女性には「三従（さんじゅう）七去（しちきょ）」の儒教的教えがあった。「七去」とは「婦人に七去とて，悪しき七つあり。一つにてもあれば，夫より逐い去らるる理なり。故に是を七去と云う。是古の法なり。女子に教えきかすべし。舅姑に従わない，無子，淫乱（姦通），嫉妬，悪疾（治りにくい病気），多言（おしゃべり），窃盗，の七去であり，この中，無子と悪疾は生まれつきであったり，やまいで天命にし，ちから及ばざる事なれば，婦のとがにあらず」とされている。また「三従」とは「父の家にありては父にしたがひ，夫の家にゆきては夫にしたがひ，夫死しては子にしたがふ」といった日本の女性の人生を規定する社会的道徳観であった。

しかし，夫から一方的に言い渡される「追い出し離婚」だけでなく，妻の方から離婚を切り出す「飛び出し離婚」もあった。妻から離婚を請求できるのは次の5項目である。

①夫が妻の承諾なしに，妻の衣類など持参財産を質に入れたとき
②妻と別居もしくは音信不通，つまり事実上の離婚状態が3，4年続いたとき
③髪を切ってでも離婚を願うとき，あるいは誣告（ぶこく：うその申し立て）したとき
④夫が家出して12カ月（古くは10カ月）が過ぎたとき
⑤比丘尼寺（びくに・縁切寺）＝現代の"シェルター"へ駆け込んで，3カ年が経過したとき

　当時，幕府は妻からの離婚には難色を示し，公認された縁切寺は上州の満徳寺と鎌倉の東慶寺の2つのみだったが，ここに駆け込み，一定の期間を過ごせば正式に離婚することができた。それは，駆け込んだ妻から離婚したいと告げられた場合，夫は無条件に「三くだり半」（離縁状）を書かねばならないということだ。「三くだり半」は夫から妻に叩きつけられるイメージがあるが，妻がこれを勝ちとる離婚もあった。

　今日，世界の先進国において離婚は増加の一途にあるが，どうしてこんなに離婚が増えたのであろうか。その歴史的世界の潮流について，湯沢雍彦の『家族と社会』は次のように述べている。

（1）伝統的婚姻観の動揺
　「もちろん，個々のケースは個性的な事情をそれぞれもって

いる上に，各国の社会的，文化的条件が異なるので，簡単にはいえない。

しかしながら，しいて全体の底を共通して流れる水をすくうとすれば，『伝統的婚姻観の動揺ないし消滅』という言葉に尽きるであろうか。中世以来，キリスト教が君臨した欧米諸地域で高揚された大原則，『一夫一婦制の厳守』，『婚姻外性関係の禁止』，『罪悪である離婚の絶対禁止』が各国で音を立てて崩れてきたのである。

もっとも，この『市民的道徳』にまで高められていた『禁欲主義的永続的結婚観』の衰退は，1960年代に急に始まったものではない。歴史をさかのぼれば，19世紀末から20世紀初頭にかけての動き，近代科学の発達と合理主義精神の拡大，教育の普及，生活の個人化，官僚制の整備などが，伝統的な『宗教の権威』と『家父長の権威』を弱めて，近世以来の市民的道徳を揺るがせていたのである。そして，また，性道徳の変容は，第1次大戦直後の国民の窮乏に基づく売春の増加と，壮年男性の大量死亡に基づく両性の数のアンバランスによっていっそう拍車をかけられ，婚外性関係が増えていったが，それが直接離婚の増加につながったのは，アメリカにおいてであった。

1923年のペック・ウェルズ調査，1925年のリンゼイ調査，1940年のキンゼイ・レポートなどのいずれもが，婚前性関係の増加と容認，姦通の増加，性罪悪感をもたない女性の増加を伝え，それは確かに，気軽な離婚や再婚の盛行に結びついていった。」

(2) 有責主義から破綻主義へ

「このような情勢の変化から離婚は徐々に増加してきたにもかかわらず,第2次大戦終了後も各国の離婚法は不変であった。イタリア,スペイン,チリ,アルゼンチン,ブラジル,フィリピンのカトリック国は依然として,離婚の規定を作らなかったし（のちイタリアは改正）,イギリス,アメリカ,フランス,西ドイツなどのキリスト教国は限定された条件がある場合のみ離婚を認める『有責主義』をかたくななまでに守り続けてきたからである。

『有責主義』とは,婚姻継続を困難にする不貞,遺棄,虐待など一方の配偶者がそれを原因として請求したときにのみ離婚を認めるという立法論で,法定された原因に該当しなければ,夫婦関係がどんなにこわれていてもだめなのである。

しかし,法がどんなに制限しても,結婚に絶望し,離婚によって新しい人生の救済を求める男女は増える一方で,この有責主義的制限離婚法と現代婚姻観との矛盾,葛藤は各国で激しくなり,1950年代に入るや,「破綻主義」(No Fault Divorce；夫婦関係が実質的に破綻していれば,有責性を問わずに離婚を認めようとする考え―引用者注)へ改革する方向が,各国でまさぐられるようになってきたのだった。」

(3) 相次ぐ離婚法改正

「口火は,1953年,ニュージーランドで切られたが,大きな起爆剤となったのは,1961年のオーストラリアである。

この年,離婚原因の1つに『婚姻当事者が別居し,その後申請の日まで5年以上の期間継続して別居し,しかも再び同居す

る合理的な見込みがないこと』を置いたことに画期的な意義がある。精神病や生死不明も破綻主義の一種ではあるが,『継続別居』こそいちばん明確で人間的な破綻主義の採用といえるからである。

　この噴火は,たちまち海をこえてヨーロッパとアメリカに波及し,

　1963（昭和38）年　チェコスロバキア
　　64（〃 39）年　ポーランド
　　65（〃 40）年　ソビエト
　　66（〃 41）年　東ドイツ,米・ニューヨーク州
　　68（〃 43）年　カナダ,ブルガリア
　　69（〃 44）年　イギリス,スウェーデン,米・カリフォルニア
　　70（〃 45）年　イタリア,デンマーク
　　75（〃 50）年　フランス
　　76（〃 51）年　西ドイツ
　　78（〃 53）年　オーストリア

など,ほとんどの先進諸国が60年代から70年代の前半にかけて離婚法の改正に踏み切った。

　カトリックが多数を占める国も,プロテスタントの国もあり,社会主義国家も資本主義の国家もそれぞれ多数含まれる。宗派や体制の相違を越えて,これらの諸国に共通する改正点は,かなり徹底した破綻主義の採用である。多くの国では,裁判官の審理によって破綻の有無をきめる中途半端なものでなく,一定期間の別居事実があれば,それだけでよいとし,道徳や制裁的判断を入れることをやめる徹底した破綻主義である。別居期間は1年から7年くらいまで様々で,夫婦双方合意の上

で別居をさすのが普通であるが，最終的には，不合意の別居でも一定期間経過すれば一方の意思のみの『単意離婚』ができる国（イギリスやアメリカのニューヨーク州など）すら出現した。

　こういった離婚原因の拡大は，各国において離婚の増加をもたらした。ソビエトの離婚率が66年に前年の1.8倍に，カナダが69年に2.3倍に，デンマークが71年に1.4倍に，イギリスが72年に1.6倍に，それぞれ急上昇したことは改正離婚法の施行が直接の引き金になっている。しかし，法の改正だけで離婚を増やすことはできない。離婚の自由化を求めてやまない世論の盛り上がりと，それを国会で通過承認せざるをえない政治情勢のほか，婚姻観に対する変革した市民意識の存在こそもっとも大きな原動力だったのである。」

2
離婚の要因

(1) 伝統的性役割に対する女性の自覚

　私たちの婚姻観に対する意識の変革は，男性と女性の生き方に対する意識変革につらなる。

　かつて，タルコット・パーソンズ（Talcott Parsons, 1902〜79）は家庭における男女の役割規定について，男性は道具的役割を，女性は表出的役割を果たすというイデオロギーを主張した。すなわち，女性は家にいて情緒的な面を支え，男性は仕事に出かけ経済的な面を支えるという性別分業のイデオロギーを主張した。このような文化によるイデオロギーに批判の目を向けたのがアメリカのウィメンズ・スタディーズ（Women's Studies）の研究である。日本よりもより自由で開放的なアメリカの女性たちが，このコースをとって，ある程度の教養のある女性なら職業をもつ女性はもちろん，主婦専業の女性も，"I am a Feminist（私は男女平等主義者よ）"という言葉が合い言葉のように返ってくる反応に，筆者は自己認識の確かさを感じたものだ。

　欧米の女性に比べ日本の女性は自己認識が低く，親から子へ伝えられた家族の保守的性役割イデオロギーを肯定的に受けいれ，生活態度も現実を変えるという点では消極的である。こうした性向は，女性の社会的運動を制約する社会構造と制約された状況に適応するような性格特性をつくりあげようとするしつけや教育が生み出したものである。

　しかしながら，これから急激な勢いで高齢社会へと向かいつつある日本社会において，精神的に自立した人間になるためには，青少年期から自立した人間をつくり出すしつけや教育が不可欠であることは自明である。よりよい自立した老齢期を迎えるための生活設計と社会状況，社会保障制度を構築するために，また人権教育の発展のためにも，ウィメンズ・スタディーズの教育研究はすべての人間のために必要である。アメリカでは，「性役割の社会学」という視点から，男性と女性の人間研究が確立されている。一般的には，家族は男性と女性という2つの性をもつ人間によって形成されており，この両性の人間形成のメカニズムを探求することによって，今日の社会や文化的価値観と人間の生き方について，私たちが考えることができる可能性がみえてくるのである。

　男とは，女とはという従来の性役割が規定している生き方に

ついて疑問を抱き，自己変革しようとしている女性と，それを認識せず，自己変革しようとしない男性との意識のギャップが離婚の増加をもたらしていると考えられる。つまり，男性と女性との人間の生き方に対する意識変革のズレが離婚の要因の1つでもあるのだ。

3
離婚の理由

　現代の世界46カ国のなかで最も離婚率（1000人当たりの離婚件数）の高い国はロシア（4.8）で，ウクライナ（3.8），ベラルーシ（3.7）と旧ソ連諸国が続き，次にアメリカ（3.6）である。離婚率が上昇したといわれる日本は26位（2.04）となっている（総務省統計局「世界の統計2010」）。アメリカの主な離婚理由として精神的苦痛，経済的問題，暴力，飲酒（アルコール中毒）がある。このような個々の理由が明確に意識化されるまでは，夫婦双方の間にかなりの忍耐と忍従期間が潜伏している。

(1) 夫婦紛争のメカニズム
　離婚は夫婦の人間関係の緊張・葛藤の状態からの危機の解体・解放の手段である。夫婦葛藤の指標を湯沢雍彦は次のように指摘している。
①夫婦の間に共通の目的が消失して，個々人の目的が優越する。
②すべての協同的努力が止まる。
③相手方へのサービスが控えられる。

④他の社会集団に対する家族の位置づけが変わってくる。

このような兆候が長時間継続されると、葛藤から相互の情緒的態度が敵対的関係になり、もはや共同生活の維持存続は不可能になる。

また、日上泰輔は家庭裁判所で扱う夫婦紛争事件の分析から次のような仮説を提唱している。

①一般に同調性（そううつ性）性格の人は、比較的夫婦関係では適応しやすい。これに反して、内閉性（分裂性）性格の人や粘着性（てんかん性）性格、顕示性（ヒステリー）性格の人は適応しにくい。

②夫婦の間に知能の差がないか、あるいは差があっても1段階差程度である夫婦は適応し、知能の差が2段階以上にのぼるような夫婦は不適応になりやすい。

③夫婦ともに楽観的人物である場合には、比較的適応が容易であるが、一方が楽観、他方が悲観的人物である場合は、比較的適応が困難である。

④収入を得ている一方が支配的で、養われている他方が従属的である場合には、比較的適応が容易である。しかし、反対の場合や、双方がともに支配的である場合は、比較的適応は困難である。

⑤一方がエネルギッシュ、他方がエネルギー貧困か、夫婦ともにエネルギー貧困の場合は、比較的適応は容易である。しかし、ともにエネルギッシュな場合は、比較的適応は困難である。

⑥一方が進歩的、他方が保守的であるとか、一方が理想主義的、他方が現実的であるといったように、生活態度のまった

く相反する夫婦は比較的不適応をきたしやすい。
⑦一方が他方に対し，憎悪し，憤怒し，攻撃的に感じている場合には，比較的適応が困難である。しかし，双方がともに第三者に対してそういう力動的な感情をもっている場合は，比較的適応は容易である。
⑧互いに相手の気持ちを尊重して，一次目標にせよ，二次目標にせよ，夫婦共同の目標をもっている場合には，適応は比較的容易である。
⑨（役割につき）期待はずれの大きい夫婦は，相互に不適応をきたしやすいし，双方ともに期待はずれの小さい夫婦は適応しやすい。一方が大きく，他方が小さい場合は，大きい方が不適応をきたしやすい。

　心的葛藤や不適応状況を引き起こす主たる原因について国際比較をしてみると図表7-1に示すごとくである。欧米と日本との違いは，欧米の場合は特定の愛人ができたこと，（主に夫による）暴力，愛情が失われたことなど，夫婦間の愛情の問題，いわゆる精神的苦痛の割合が高いことである。日本の場合は，愛人も暴力も原因としては高いが，性格の不一致という曖昧な項目が高い比率を示している。

　この性格の不一致としてあげている，相手が嫌いになる性格特性は，夫も妻のいずれの場合も，「わがまま」「怒りっぽい」「思いやりがない」「うそつき」「みえっぱり」「あきやすい」「怠けもの」を上位にあげており，より人間的な，なごやかに相手と接し，交わるプラスの人格的態度が求められていることを物語っている。また，離婚調停事件の申し立て理由で，夫の暴力，虐待をあげている者は妻では第1位であり，暴力や虐待

図表7-1　離婚の原因

	日本	韓国	アメリカ	イギリス	西ドイツ	フランス
性格の不一致	48.9	34.7	27.5	32.4	37.8	37.1
特定の愛人	47.9	34.3	56.5	77.8	66.0	60.7
暴　　　力	44.5	22.3	58.8	75.3	61.6	68.4
扶養義務の不履行	39.3	6.5	27.8	26.3	31.3	14.4
愛情喪失	28.5	17.1	56.8	48.8	39.6	44.1
性的不一致	20.6	6.4	24.2	15.7	35.3	37.8
親族との折合いが悪い	6.6	1.4	7.0	2.5	4.7	1.6
経済的行きづまり	3.6	2.7	10.2	1.4	12.6	1.7
長期の病気	2.8	1.2	4.6	1.6	2.6	1.5
子供ができない	2.0	13.7	5.2	3.1	6.6	11.8
その他	1.0	1.7	3.2	0.8	1.8	1.9
別れるべきではない	17.0	25.5	11.1	3.8	9.1	5.4

50%以上　　30%以上50%未満　　10%未満30%未満

資料：総理府「青少年と家庭」1982年
出所：佐藤茂子「結婚・離婚・再婚」学文社，1985年，60ページ。

は人間として耐えがたいものであり，共同生活をすることに困難な精神的・身体的苦痛をこうむるものであって，それを否定する態度を明確に示しているといえる。

(2)日本の離婚の方法

日本の離婚の方法には次の4つの種類がある。

①協議離婚──当事者夫婦の合意による離婚。所定の離婚届用紙に夫婦と証人2名の署名，押印をして戸籍管掌吏に届け出，受理されたとき離婚が成立する。父母など家族の同意は必要としない。
②調停離婚──夫婦の間で離婚の合意がむずかしい場合，家庭裁判所の調停委員会が参入して夫婦間に円満かつ合理的な解決案を提示して離婚を勧告する方法。当事者間に離婚の合意が成り立てば，調停調書を作成して離婚が成立する。
③審判離婚──調停委員会の調停が成立しない場合，家庭裁判所が離婚の必要を感じて職権をもって審判を行い決定する離婚。ただし，審判事項に当事者に異議がある場合，地方裁判所に訴訟をすることができる。異議の訴訟手続きがとられると審判は失効する。
④判決離婚──民法上規定された離婚原因に基づき訴訟により離婚する方法である。

この4種類の離婚方法のうち，現実には協議離婚が離婚件数の約90％を占めており，ほとんどが夫婦当事者間の協議により離婚が成立している。

日本は離婚訴訟について調停前置主義の立場をとっているので，裁判により家庭裁判所の調停を経ることになる。家庭裁判所の調停離婚件数は離婚件数の7.7％（2001年）である。最近，離婚調停の申し立てをする者が増える傾向にある。しかし，調停成立率（離婚成立，和合成立などはっきりまとまった事件の割合）は年々低下し，1948年の57％から今日では50％弱にまで下がっている（最高裁判所「司法統計」）。

裁判離婚は，あくまで夫婦の一方が離婚に同意せず家庭裁判

所における離婚調停が不調に終わった場合，裁判によって決着するもので，現行法の離婚の許す原因は，次の５項目である（民法770条）。

①配偶者に不貞な行為があったとき。
②配偶者から悪意で遺棄されたとき。
③配偶者の生死が３年以上明らかでないとき。
④配偶者が強度の精神病にかかり，回復の見込みがないとき。
⑤その他婚姻を継続しがたい重大な事由があるとき。

　裁判は，結婚生活の内容にこれらの条項に合致する事態があって，結婚生活を維持してゆくのがむずかしいと判断したとき離婚を認めることになる。

4
離婚後の問題

　日本の離婚件数は戦後最低だった1963年の７万件から毎年増え続け，2009年には25万件となった。1988年は15万4000件と25年ぶりに減少したが，離婚者の年齢の中心が20代から30代に上がり，子どもをもつ夫婦の離婚が増えている。1990年の国勢調査では，単親世帯の総数は118万で，そのうち43％が離婚による。また，単親家庭で生活する０〜４歳の子どもは約22万人で，そのうち父子家庭は５％足らずにすぎない。離婚紛争が起きるまでの同居期間年数は５年未満が最も多く（33.4％），次に５〜10年未満（21.2％），20年以上（15.8％），10〜15年未満（13.5％），15〜20年未満（9.9％）となっている。若年に多かった離婚の問題が中高年の問題へと移りつつある（厚生労働省

「2009年人口動態統計」)。

　ところで，2009年人口動態統計によると，毎年約25万組の夫婦が離婚し，そのうち約14万組に未成年の子どもがいる。子どもが少ないことが子どもの引き取りをめぐっての争いを深めている。このことに関して，湯沢は次のように述べている。

　戦前の明治民法時代には，離婚後の親権は，よほどの例外を除いて父に専属していたから，少なくとも形式上は争いようもなかった。新民法の戦後になっても，1960年頃までは，妻が子を連れての離婚は生活上困難だったがために争いが目立たなかった。ところが1965年頃からは，離婚に際して子どもを引き取る子連れ離婚を平気で行う傾向が強くなってきた。女性の就業機会の増加，保育所の増設，児童手当や生活保護費の増額などの経済的条件があるように思われる，と。

　未成年の子どもを一人前の社会人として成長するまで養い育てる義務，また子どもの財産を管理する義務，およびその権利を親権という。結婚している間は夫婦2人が子どもの親権者で，「共同親権」である。しかし，離婚すると「単独親権」となり，どちらか一方を保護責任者として決めなければならず，このときに子どもを奪いあうケースもあれば，また放棄されてしまう子どももいる。現在では，乳幼児は母親の監護に委ねるのが当然という世界の大勢に合致してきており，(実際に子の面倒をみる)母親が子ども全員の親権者となる例が多くなり，日本の離婚も欧米の近代型離婚に変化してきているといえよう。

　離婚後の家族形態としては，母子家族，父子家族，再婚して形成する再婚家族，独身であることに価値をおく独身家族(シングル化の傾向)等がある。

離婚にともなう問題の第1は，離婚で別居することになった親と子どもとの面接（交渉）権，訪問権の問題である。日本においては，離婚後別居した親と子どもとの面接（交渉）権について法律上特別の規定がない。日本では，親の側に別れて住む子どもとの面接交渉をかなり否定的に考えている傾向があり，面接交渉をしているケースは，別居親が父の場合で20％程度，母の場合は10％にも達していない。

　第2の問題は，母子家庭，父子家庭の問題である。2005年の国勢調査では，母子のみで構成される母子世帯は約75万世帯あり，父子世帯約17万3800の4.3倍もある。母子家庭になった原因は，1982年までは夫との死別が離別よりも多かった。しかし，1983年には離別が49％と，死別の36％を初めて上回り，今日では離別が約8割，死別は約1割となっている。また未婚の母の家庭も増えている。母子家庭には，児童扶養手当，各種の手当，税法上の優遇措置，低利の貸付金制度，介護人派遣，母子寮の設置など，母子及び寡婦福祉法やその他の関連制度のなかで，そのハンディキャップを補う努力がなされている。父子家庭については，1982年に65歳未満で年収300万円以下の父親に，税制上の寡夫控除が認められたが，これが父子家庭への唯一の優遇措置であり，経済的には母子家庭よりは多少収入は高いが，家事，子どもの育児，しつけの面での多くの悩みを抱えている。

　第3の問題は，養育費の問題である。1985年，厚生省（現・厚生労働省）の諮問機関である「離婚制度等研究会」は，子どもの養育費を扶養義務者（主に父親）に支払わせることに力点をおいて離婚制度の改革を求める報告書を出している。それに

よると，わが国の離婚の90％を占める協議離婚について，離婚の自由化を最も進めた制度であるが，子の権利を確保する手段に欠け，養育費がほとんど取り決められていないと指摘し，家庭裁判所の調停制度もこの点が不十分であると指摘している。

こうした現状を改善するため報告書は，①養育費を含め子どもの監護について取り決めがあるものについては，その内容を離婚届け書に記載させる。②子の監護に関する取り決めを確認する手続きを協議離婚制度に導入する。③子をもつ夫婦の離婚については家庭裁判所の審判を必要とする。④家庭裁判所の調整機能の強化などの方策を検討するよう求めている。また，民法で養育費支払い義務の規定を整備する必要があるとしている。

上記の報告書から四半世紀たった今日でも，養育費をめぐる状況はあまり進展をみせていない。養育費は親子の身分関係から生じるもので，親権の有無には関係ない。離婚後の母子世帯のうち約7割が前夫から子どもの養育費をまったく受けていないといわれる母子世帯の平均年収が約213万円で，一般世帯の37.8％にすぎない（2005年調査）。養育費の額については，協議離婚の場合は2人の私的な約束事であるため，確実な数字はつかめていないが，東京・大阪の地方裁判所の判事が作成した養育費算定基準表が発表されている（『判例タイムズ』1111号，2003年4月）。

一方，夫の蒸発や離婚など様々な理由によって母子世帯を対象に支給されていた児童扶養手当が，2010年8月から父子家庭にも支給されることになった。母子家庭は約120万世帯，父子家庭は約20万世帯と推計されている（厚生労働省「2006年度全国

母子世帯等調査」)。児童扶養手当の支給額は母子・父子家庭の母親・父親等の所得や子どもの数などによって決まる。1人目の子どもについては月額9850～4万1710円で，子どもが2人以上の場合には，1人目の手当額に2人目以降の額が加算されて支給される。

　このように，わが国の養育費の実態はきわめて不十分であり，子どもの権利保障のためにも強化改善していく必要がある。

　第4は，財産分与，慰謝料の問題である。家庭裁判所を経た離婚のうち，夫から妻へ財産分与や慰謝料などの金銭の授与があった者は，100万円以下が40％，100～200万円，200～400万円がそれぞれ20％，1000万円以上はわずか7％ほどである。養育費にしても財産分与にしても，相手の資力にかかわる問題なので，結局何も貰えないということで結着をつけている実態は，いかに離婚が危機的状況における切迫した解決方法であるかということを示している。

　第5は，離婚・再婚家族の新しい課題である。アメリカでは，再婚家族のタイプがあたりまえの家族になっているが，既知の核家族と再婚家族がどのような点でまったく違った形態の家族であるかを認識する必要がある。とくに継親，継子の人間関係の研究がなされなければならない。これは今後の家族研究の課題となるであろう。

　小此木啓吾は，エミリーとジョン・ヴィシャーらのステップ・ファミリー（夫婦のどちらか，もしくは両方が前の配偶者との子どもを連れて結婚したときに誕生する家族）についての研究から次のように指摘している。

①物理的には核家族でも，もはやそれは1つの新しい拡大家族である。

②継父母に対して，童話のような邪悪視，理想化両種のイメージを抱きやすい。

③家族全員が何らかの深刻な対象喪失を経験している。親子の別離，友人，知人，近隣関係からのサポートを失ったこと。再婚家族が直面する最初の課題は，それまでの家族と別れた悲しみをどう克服するかにある。

④子どもたちにとって現在の家族以外に血のつながった親がいる。

⑤子どもが2つの家族に所属し，親は別れた配偶者と新しい結婚相手との間でそれぞれの子どもを共有しなければならない。

⑥親も子どもも，お互いにそれ以前の家庭でなじんでいた生活様式を切り換えなければならない。

⑦すでに存在していた親子関係の絆が強いために，新しい夫婦関係をそれを上回るほど強固につくりあげねばならないが，子どもにとって親のその努力は，親に裏切られる気持ちをさらに強める。

⑧継母，継父，継子の間での親子の絆はどうしても，実の親に比べて弱いものになってしまう。

⑨お互いの要求，期待，やり方の食い違いについて協議や相談，話し合い，新しい取り組みを繰り返していかなければならない。自然さに頼らず，人為的に家族づくりに努力する。家族ネットワークの形成による新しい生活様式を協力してつくり出さなければならない。

第6は，離婚，再婚による子どもの心理的被害の問題である。アメリカでは，離婚やシングルマザーの増加により，4人に1人の子どもはひとり親（single parent）家庭で暮らし，半数の子どもは18歳までのある時期をひとり親と住む。

　小此木によると，父母の離婚，再婚による子どもの心理的被害は次のようである。
①離婚に先立つ家庭内の様々なトラブル
②離婚そのものをめぐる家庭内の混乱
③離婚による親との離別による心の不安定
④片親家族になったことによる社会的，経済的，心理的な影響
⑤離婚後のそれぞれの親との特有な親子関係の経験

　以上，離婚後の様々の問題をみてきたが，離婚は家族崩壊の危機を経験することである。それまで当然のこととしてあった結婚生活，家族，自己というものを改めて自覚し，それを選び直す自由が与えられることではあるが，言葉本来の語源の危機（crisis）そのものであり，文字どおり自己のわかれ目の体験である。

　小此木によれば，家族のタイプは①劇場家族，②サナトリウム家族，③要塞家族，④ホテル家族，がある。現代の家族はこのうち，「ホテル家族」型が多い。つまり，家庭を何でも思いどおりのサービスを受けることができる高級ホテルとみなし，自分たちはお客さまと思い込んでいる。この家族たちは，休養の場所，心の憩いの場所としての家庭をとても美化している。家庭は，外で働き，他人と付き合ってくたびれ果てた家族が休養し，好き勝手，気ままな暮らしをするところだと思ってい

る。家庭では何の義務もないし、責任もない。ゴロ寝したり、テレビを見たり、気ままにすればよい。みんなバラバラでろくに話もしないし、食事も一人ひとり時間がずれて一緒にしない。家族同士の気持ちのやりとりはほとんどないから、感情の争いも起こらない。お互いのプライバシーも尊重されている。家庭は家族同士のそうした人間関係以前の憩いの場であればよいと、家族は思い込んでいる。このような思い込み家族は、家族が危機状況に直面するともろいものである。家族とは何かを根源的に問い直す、新しい状況の出現が離婚の現象だといえる。

5 最近の世界の離婚の動向

　先進諸国では1970年代から離婚率が上昇している（**図表7-3**）。アメリカ、スウェーデンでは2組のカップルのうち1組は離婚しており、また日本、ヨーロッパ諸国は3組のカップルのうち1組が離婚している。

　親の離婚は子どもに社会的、心理的、経済的に大きな影響を及ぼす。両親の離婚後、子どもは母親と同居する確率が高いが、離婚にともなう社会的環境の変化、経済的地位の低下、転校といった社会的背景の変化の要因に私たちはもっと注意を払わなければならない。

　親はもちろん、学校の教師、近隣の人たち、カウンセラーなど、子どもを取りまく周囲の人々が子どもの受けたショックを緩和し、その障壁を乗り越えていけるような社会的システムの

図表7-3 主要国の離婚率の推移

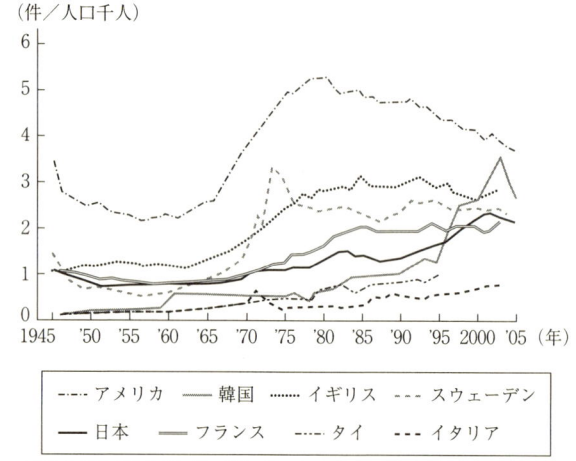

(件／人口千人)

注：イギリスの1970年まではイングランド・ウェールズの数値である。
出典：UN, Demographic Yearbook 2000, 2002, 2005.

図表7-4 別居する親との面会交流頻度

	1992／1993年：%	2000／2001年：%
両親の元を行き来して生活	4	17
週に少なくとも1回は会う	22	23
月に少なくとも1回は会う	33	33
月に1回未満	20	15
交流はまったくなし	9	4
親は不明	7	5
回答不明	4	3
全 体	100	100

出典：SCB, *Barnens tid med foraldrarna*, 2004, Tabell 1.51

制度が，日本でも整備される必要がある。たとえば，別居している親との面接交渉権の法制化である。スウェーデンでは，別居している親との面会交流が頻繁に行われている（**図表7-4**）。また，離婚後の共同親権の法制化などが求められる。

ちなみに，ヨーロッパ諸国，アメリカでは，養育費の支払いを確実にする様々な制度が確立されている。アメリカでは，州政府が給与から天引く。イギリスでは，支払いが滞った場合には天引きや強制徴収ができるようにしている。フランスでは，社会保険の家族手当公庫が義務者から取り立て，給与や銀行口座の差し押さえもできる。ドイツでも，州が生計費請求権を執行できるようにしている。スウェーデンでは，社会保険事務所が立て替え払いをし，義務者から徴収している。またこれらの国々では共同養育が定着し，子どもが2週間ごとに父母の家を行き来するのが一般的で，親が面接を拒むと警察の介入もありうる。

　また，各国とも裁判離婚のみで，日本のように裁判所を経ない協議離婚の形態はない。したがって，養育費支払いは裁判で決める。日本では，"男性の離婚天国"といわれるように，別居している父親の養育費支払いは確実には実行されていない。子どもの生活権を保障するためにも，離婚時に書類で養育費の取り決めをし，もし養育費の滞納のトラブルが起これば，地方裁判所に申し立てる方法もあるが，さらなる法整備が求められている。

〈参考文献〉

倉田真由美「婚活白書」『NHKテレビテキスト　歴史は眠らない』8〜9月，日本放送出版協会，2010年

千葉モト子「離婚」四方壽雄編『危機に立つ家族』ミネルヴァ書房，1987年，所収

宮本みち子・善積京子『現代世界の結婚と家族』放送大学教育振興会，2008年

湯沢雍彦・岡堂哲雄『家族と社会』日本放送出版協会，1982年

第8章

子どもの虐待といじめ

1 子どもの虐待

　子どもの虐待といじめは，近年起こってきた社会的現象ではない。歴史的にみると，『安寿と厨子王』は人さらいの商人にだまされた姉弟の人身売買の物語を描いており，江戸時代から嬰児殺し，間引き，子捨て，人身売買的な奉公などがあった。あるいは，養育料目当ての子どもをあずかった里親が，養育料を着服して，あずかった乳児を餓死させたり売ったりする事件もあった。最近では，事例1のような児童虐待の事件がひんぱんにみられる。

事例1「**4歳虐待容疑20代夫婦逮捕**」(『朝日新聞』2010年9月17日)
　2010年9月16日，大阪市の男性（24歳）とその妻（23歳）が4歳の長男を殴って怪我をさせた容疑で逮捕されたが，2人は

「しつけの範囲でたたいた」として,容疑を認めていないという事件である。

また,『朝日新聞』のコラム「天声人語」では,戦争中の学童疎開先の子どものいじめや虐待,小学6年の女児の継父の暴力,児童福祉施設の職員の心労を述べている。

天声人語（『朝日新聞』2010年9月24日）
戦争の末期,妹を学童疎開に出した思い出を向田邦子さんが書いている。まだ字のおぼつかない妹に,父親は自分の宛名を書いたはがきをたくさん持たせた。「元気な時は大きいマルを書いて毎日出すように」と言いつけたそうだ／初めは大きなマルが届いた。だが寂しさからか,マルは次第に小さくなって,いつしかバツに変わった。いたいけな印を,父親は黙りこくって見つめていたそうだ。そんな切なくも身にしみる話を,栃木県で発覚した虐待の記事に思い出した／こちらは救いがない。継父に暴力を振るわれ,家の外で倒れていた小学6年の女児が保護された。その子は継父に日記をつけるよう命じられ,毎日「お父さん大好きです」などと書いていたそうだ／だが,殴られたりした日には,気づかれぬよう日記に印をつけていた。それが傷害容疑を裏付ける証拠にもなったそうだ。ひそかな印は誰に,どんな思いを伝えたくてのことだったろう。低栄養の状態で,体重は22キロしかなかったという（後略）

1960年代にアメリカの小児科医ケンプ（C. H. Kempe, 1922〜84）の子どもの虐待のアピールから,新たにその問題と対処に

ついて対策が考えられるようになった。

　一般的な虐待の類型は次のようなもので，これらを18歳未満の子どもにする行為を虐待という。

①身体的暴行

②保護の怠慢ないし拒否，遺棄，養育の拒否や放置

③性的暴行

④心理的虐待

　子どもの虐待は，家庭内や児童施設に限らない。ポルノグラフィと売春，児童労力の搾取，薬物やアルコール依存への誘発，マス・メディアの刺激，児童向けコマーシャル……「食料」「健康」「教育」「住居」「収監」「紛争と戦争」など様々なカタチで，あらゆる社会領域にみられる。

2
『闇の子供たち』――タイ社会の子ども

　映画『闇の子供たち』(2008年。原作：梁石日（ヤン・ソギル），幻冬舎，2004年）は，タイ社会の子どもたちをめぐるショッキングな事件を描いている。借金のかたに両親に身売りされたあげく，エイズ（AIDS）にかかったので児童売春宿からゴミ袋に隠されて捨てられる10歳の少女。それでも彼女は必死の思いで自分の村に這って帰るが，そこでもまた親から見捨てられるのである。

　子どもや女性が売春のために誘拐され，拉致される日常。病院に連れてこられた少年の心臓は，心臓移植の必要な日本人の少年に臓器提供される。この映画はタイ社会の暗部――子ども

の人身売買，臓器売買，売買春，エイズ——の実態を通して私たちにその現実のすさまじさを生々しく訴えかけている。と同時に，それらを商品として買う日本人はじめ，全世界の人々の問題であることを教えてくれる。

3
『スラムドッグ＄ミリオネア』——インド社会の子ども

　映画『スラムドッグ＄ミリオネア』(2009年。原作：ヴィカス・スワラップ『ぼくと１ルピーの神様』，ランダムハウス講談社，2006年）は，インド社会の不条理とスラム出身の少年の人生をかけたクイズ番組のファイナルアンサーの謎を解く愛の物語である（アカデミー賞作品賞受賞）。インドで大人気のクイズ番組『クイズ＄ミリオネア』に出演し番組史上最高の賞金を獲得できるところまで勝ち抜いた18歳の少年ジャマールは突然警察に逮捕される。学校にも行ったことがないスラム出身の孤児ジャマールは天才なのか，それともイカサマをしたのか？　過酷な半生を語るうちに，なぜ彼が難解な質問に正解できたのかが少しずつ明らかになっていく。

　子どもや女性の搾取や虐待，犯罪，宗教対立（ヒンズー教とイスラム教）など，その背景にはインド社会にはびこる酷い現実があった。母親をイスラム教徒の暴徒になぐり殺されて孤児になったジャマールと兄はストリート・チルドレンになったが，ストリート・チルドレン狩りにあい，施設に監禁されてしまう。そこでの残忍で不条理な子どもへの仕打ちを目撃したジャマールは少女ラティカと脱出をはかるが，ラティカは捕まり

売春宿に売り飛ばされる。

　青年になったジャマールは新聞社でお茶くみをしながら働いていた。ある日，生き別れになっていたラティカと売春宿で再会するが，彼女は連れ去られてしまう。ラティカに再会したい目的でジャマールは人気クイズ番組に出演したのであった。

　インド社会は急速に経済発展を遂げる一方で，格差は拡大し，そのなかでもまれながら生きてきた彼の過酷な半生の経験が「ファイナルアンサー」としての答えであった。彼がこの番組に出演したのは，ラティカと再会したいという彼女への愛であった。つまり，彼が求めた人生の「ファイナルアンサー」は愛だったのだ。

4
『ハリー・ポッター』といじめ

　映画『ハリー・ポッター』は子どものみならず大人にも人気がある（原作：J. K. ローリング，全7巻，ブルームズベリネン，1997～2007年，世界150カ国以上4億部）。本書は世界的なベストセラーとなったが，そこにはまさに，今先進国の子どもがおかれている状況が反映されていて，多くの子どもが共感を覚えるからだろう。

　この物語はハリー・ポッターがホグワーツという魔法学校で，親の敵であるヴォルデモート卿と戦い，正義感と知恵と勇気，そして魔法を駆使して，虐待やいじめを乗り越え，友人や先生などの温かい支えを得て成長していく物語である。ハリーは1歳のとき，最強の闇の魔法使いに両親を殺された。ハリー

もそのとき襲われたが、母親の犠牲によって額に稲妻形の傷を受けただけで死なずにすんだ。その日以来、ハリーは死の呪文から生き残った唯一の魔法使いとして、魔法界の伝説の人物となった。

みなし子になったハリーはおばさん家族にひきとられるが、まわりからやっかい者扱いされて虐待・いじめを受ける。11歳の誕生日を迎えようとしたとき、ホグワーツ魔法学校から入学許可証が届き、初めて自分が魔法使いだと知り、ハリーは未知の世界の魔法学校へ向かう。そこで、出会った仲間と、同級生の対立集団との戦いや教師たちとの対立など、幾多の危機を乗り越えていくのである。

ハリー・ポッターの人気の秘密は、魔法使いの世界の学校が私たちの社会の理想の学校の姿、教育の姿を表しているからである。子どものために命を投げ出す親、貧しくともきょうだい仲よく一生懸命に生きる大家族の姿は、もうほとんど過去のものになっている。現実ではなく、理想が実現されている世界を私たちにみせてくれるからハリーの世界に没入できるのである。社会正義とは何か、社会的公正さとは何かを私たちに問いかけるところが面白い。

5
いじめの規定と実態

いじめとは、①優劣のはっきりしている一方的な関係のもとで、②そうとわかれば非難をあびる不正な手段により、③何らかの強い苦痛を与える行動である。

したがって，対等な状態のもとで行われるけんかとは区別され，処刑やみんなの前で先生が1人の子どもを叱ることなど，ルールや公共性への違反に対して正統的あるいは合法的に実行された処罰行為とも異なる。いわば裏の，普通では認められない不均衡な攻撃行動であり，そのためにいじめは常に卑怯で後ろめたい行動だというイメージがついてまわる。

　いじめには，身体に対する物理的攻撃，言動による脅し，いやがらせ，仲間はずれ，無視などの心理的圧迫を反復継続して行うことにより，苦痛を与えることなどの行為がある。

　学校現象として発生するいじめは，いじわるやいたずらから，言葉による嫌がらせ，からかい，シカト（無視），持ち物隠し，使い走り，暴行，恐喝にまで及ぶ。

　いじめを分類すると，いたずら的いじめ，集団全体が関与するいじめ，仲間集団内での隷属的いじめ，犯罪的いじめがある。このなかでも仲間集団内での隷属的いじめは仲良しグループのメンバー間の力の差の序列化によって起こる。ボス，参謀，兵隊，ピエロ，使い走りといった役づけがされて，かなり固定化された関係のもとに日常生活が進んでいく。

6
子どもの虐待といじめの救済・防止策

　子どもが安心して暮らせる社会を築くためには，大人の側も安心して暮らせる社会に変えていくことである。1990年ころから，「キレる子ども」という言葉が語られるようになり，ちょっとしたことで怒り，自分を抑えることのできない子どもの存

在がクローズアップされている。幼児教育段階でのキレる子の比率の増加が指摘されているが、日本は乳幼児期の早期からテレビ、ビデオ、ゲーム機といった電子メディアに接触する時間が世界一長いとの調査結果が出ている。そうした影響も懸念される。

最近では、親を殺してしまう子ども、「殺すのは誰でもよかった」と見ず知らずの人を殺す若者の事件、また一方では、親による子どもへの虐待、虐待死など親の側の抱える問題も指摘される。2007年の児童相談所への虐待相談件数は4万639件で、統計をとり始めた1990年の1101件の40倍近い数値である。とりわけ「虐待死」は、2006年では毎週2.5人の子どもが虐待が原因で亡くなっている。このような調査やデータからは、親自身が子どものころに現代と同様に発達不全の状況にあり、愛着形成が不十分なまま育ってきたという親の側の抱える問題も指摘される。

ヨーロッパ諸国では現在「子どもを大切にする」という観点から、父親の「親時間」を保障する政策をとっている。ドイツでは育児手当、児童手当、税金控除など子育てへの経済的支援は日本の5倍である。また、2001年から、育児休業が「親時間」と改称され、1人の子どもについて父親、母親がそれぞれ3年間取得できる制度がスタートした。

オランダでも、ワークシェアリングの実施により、父親も母親も「親時間」を確保したり、残業代に80％の税金をかけるなど、親たちを早く家族に帰す施策がとられている。

2007年にユニセフ（国連児童基金）が24カ国の15歳の子どもを対象にした調査によると、「自分が孤独である」と感じてい

る子どもは日本が最も多く18.1％だった。日本の子どもたちは，家庭でも社会でも「大切にされていない」ことを痛切に感じながら育っているのではないだろうか。

〈参考文献〉

ヴィカス・スワラップ（子安亜弥訳）『ぼくと1ルピーの神様』ランダムハウス講談社，2006年

チャイルドライン支援センター編『子どもの声に耳をすませば―電話でつくる〈心の居場所〉』岩波書店，2009年

梁石日『闇の子供たち』幻冬舎，2004年

山田昌弘『パラサイト社会のゆくえ―データで読み解く日本の家族』筑摩書房，2004年

第9章

ドメスティック・バイオレンス

1
ドメスティック・バイオレンスとは何か

　「女性に対する暴力」にはドメスティック・バイオレンス（DV；Domestic Violence），セクシュアル・ハラスメント，ストーカー行為，性犯罪などがある。そのなかでもDVは夫，パートナーなど親しい関係の男性が女性に対して加える暴力のことで，これまではセクシュアル・ハラスメントと同じように家庭内のこと，あるいは男女間の個人の問題とされてきた。暴力による支配・男性優位社会において，いわば「構造的」に生じうる問題であり，今日，DVは「個人的」な問題ではなく，「社会的」な問題とみなされるようになってきた。

　大阪市の調査（2000年9月）によると，女性で4人に1人，男性で5人に1人がDVを見聞きしたことがあると答えている。また，6割以上の女性は何らかのDV被害者で，なかでも

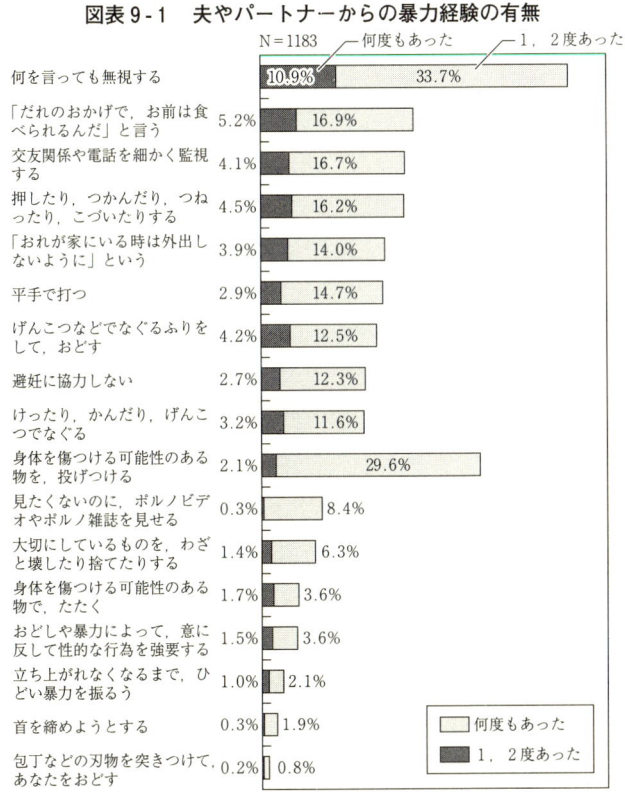

図表 9-1 夫やパートナーからの暴力経験の有無

N=1183

凡例: 何度もあった / 1, 2度あった

項目	何度もあった	1, 2度あった
何を言っても無視する	10.9%	33.7%
「だれのおかげで、お前は食べられるんだ」と言う	5.2%	16.9%
交友関係や電話を細かく監視する	4.1%	16.7%
押したり、つかんだり、つねったり、こづいたりする	4.5%	16.2%
「おれが家にいる時は外出しないように」という	3.9%	14.0%
平手で打つ	2.9%	14.7%
げんこつなどでなぐるふりをして、おどす	4.2%	12.5%
避妊に協力しない	2.7%	12.3%
けったり、かんだり、げんこつでなぐる	3.2%	11.6%
身体を傷つける可能性のある物を、投げつける	2.1%	29.6%
見たくないのに、ポルノビデオやポルノ雑誌を見せる	0.3%	8.4%
大切にしているものを、わざと壊したり捨てたりする	1.4%	6.3%
身体を傷つける可能性のある物で、たたく	1.7%	3.6%
おどしや暴力によって、意に反して性的な行為を強要する	1.5%	3.6%
立ち上がれなくなるまで、ひどい暴力を振るう	1.0%	2.1%
首を締めようとする	0.3%	1.9%
包丁などの刃物を突きつけて、あなたをおどす	0.2%	0.8%

出所:東京都生活文化局『「女性に対する暴力」調査報告書』1998年, 49ページ。

「治療が必要となるほどの暴行」を20人に1人が経験している。また、東京都の調査によるDVの内容とその頻度は**図表 9-1**のとおりである。

2
DVの関係はパワーとコントロールの関係

　大阪市市民局発行の『女性に対する暴力をなくすために』からDVのパワーとコントロールの問題をみてみよう。

　DVは身体的暴力だけでなく，男性が社会的な権力，優位性を利用し，身体的暴力（外側）とそれ以外の心理的・経済的暴力等（内側）を複雑にからませながら，弱い立場の女性を支配する巧妙な構造をもっている（**図表9-2**）。車輪の中央にあって車輪全体を支え，動かしている軸が男性のもつ「パワー（社会的な影響力，経済力，体力など）」と「コントロール（男性によ

図表9-2　パワーとコントロールの車輪

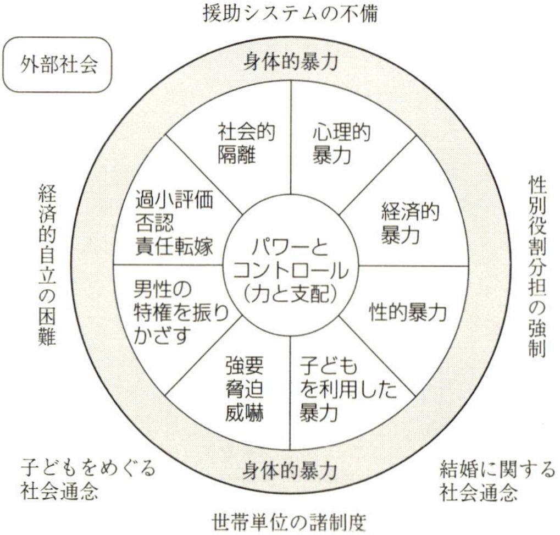

援助システムの不備

外部社会

身体的暴力／社会的隔離／心理的暴力／過小評価・否認・責任転嫁／経済的暴力／パワーとコントロール（力と支配）／性的暴力／男性の特権を振りかざす／強要・脅迫・威嚇／子どもを利用した暴力／身体的暴力

経済的自立の困難

性別役割分担の強制

子どもをめぐる社会通念

結婚に関する社会通念

世帯単位の諸制度

注：ミネソタ州ドゥールース市のドメスティック・バイオレンス介入プロジェクト作成の図に修正加筆されたもの

る女性支配)」である。見えやすいものは身体的暴力であるが，この身体的暴力以外に様々な暴力が潜んでいること，また車輪の外側にも，男性の「パワーとコントロールの車輪」が抵抗なく回転するのを助ける要因があることを示している。

　DVは特定の環境のもとで発生する個人的・例外的なものではない。家庭や職場などでの社会における男女の固定的な役割分担，経済力の格差，上下関係など男女がおかれている状況や過去からの女性差別の意識の残存に根ざした構造的問題として把握し，対応していくことが重要である。

3 DV防止法

　DV防止法（「配偶者からの暴力の防止と被害者の保護に関する法律」）が2001年4月6日に成立し，同年10月13日から施行された。この法律の特徴は，DVを「犯罪」と明記し，その暴力から被害者を守る新たな手段として「保護命令」を盛り込んだ点にある。DV防止法は配偶者からの暴力にかかわる通報，相談，保護，自立支援等の体制を整備することにより，配偶者からの暴力の防止および被害者の保護を図ることを目的としている（**図表9-3**）。

　法律の対象は女性と限ってはいないが，被害者の多くが女性であることから，前文において配偶者からの暴力の被害者は多くの場合女性であることに言及するなど，女性被害者を念頭においた規定となっている。

　DVを防止し，被害者を保護する法律はDV被害者とその支

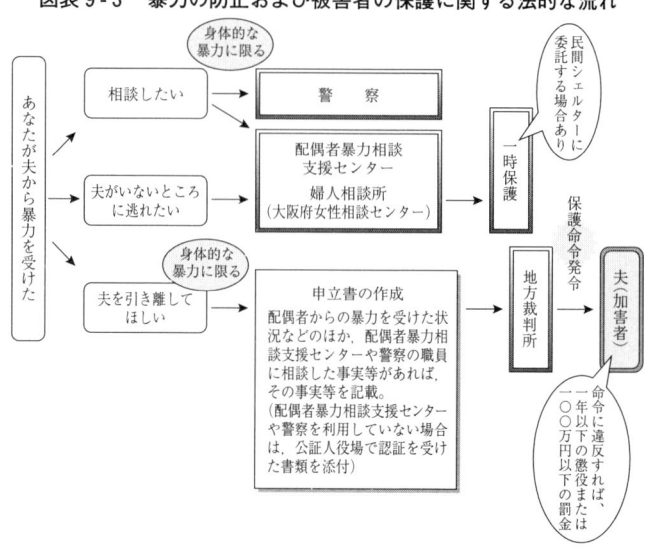

図表 9-3　暴力の防止および被害者の保護に関する法的な流れ

```
                    ┌身体的な┐
                    │暴力に限る│                       ┌民間シェルターに
        ┌─────────┐ ↓                                │委託する場合あり
        │相談したい├──→ ┌─────────────┐              │
        └─────────┘    │   警　察    │              ↓
       ↗              └─────────────┘         ┌──────┐
あなた                          ↓               │一時保護│
が夫か  ┌─────────┐    ┌─────────────────┐   └──────┘
ら暴力 →│夫がいないところ│→│配偶者暴力相談   │→     ↓      保護命令発令
を受け  │に逃げたい    │  │支援センター    │              ┌──────┐
た     └─────────┘    │婦人相談所      │              │夫（加害者）│
       ↘               │(大阪府女性相談 │              └──────┘
        ┌身体的な┐       │センター)      │                ↑
        │暴力に限る│     └─────────────────┘        ┌─命令に違反すれば、
        ↓                                          │一年以下の懲役または
        ┌─────────┐    ┌─────────────────┐  ┌────┐│一〇〇万円以下の罰金
        │夫を引き離して├→│ 申立書の作成    │→│地方│┘
        │ほしい      │  │配偶者からの暴力を受けた│裁判│
        └─────────┘    │状況などのほか，配偶者暴力│所 │
                       │相談支援センターや警察の職員│ │
                       │に相談した事実等があれば，│  │
                       │その事実等を記載。      │  │
                       │(配偶者暴力相談支援センター│  │
                       │や警察を利用していない場合│  │
                       │は，公証人役場で認証を受け│  │
                       │た書類を添付)          │  │
                       └─────────────────┘  └────┘
```

援者の強い願いであったが，ようやくその第一歩が踏み出された。社会全体でDVが人権侵害であるとの認識を共有し，実効ある被害者への支援等を行うとともに，DV根絶に向けての様々な取り組みが必要である。

　私の支援しているユニフェム（UNIFEM；国連女性開発基金。2011年から改称，UN Women）では，日本はもとより東南アジアの国々で，男性を対象にしたDV防止のための教育啓もうプログラムが実施されている。

　さらに，DV問題は子どもにも影響を及ぼす。家庭内の暴力を継続して目撃していた子どもの場合，幼少であるほど，受けたトラウマ（精神的外傷）が心身の健康と成長に障害を与えることになる。暴力のない家庭のイメージを抱くことがむずかし

くなり，暴力を問題解決の有効な手段として，また，感情表現方法のひとつとして選び取ることも少なくない。大人だけでなく，子どもにも暴力のない社会を築いていくケアとプログラムがあらゆる社会に設定されることが望まれる。

4
アラブ諸国のドメスティック・バイオレンスの現実

　先進諸国ではドメスティック・バイオレンスの問題は，セクシュアル・ハラスメント対策と併行して注目されるようになってきているが，発展途上国ではどうだろうか。サウジアラビアの事例をアサヒ・ウィークリーから拾ってみよう。

Asahi Weekly 2008/12/ 7
　アッツァ（Azza）は彼女を虐待する夫のもとを去り，シェルターへ避難するのを認められるまで4回も警察にかけこんだ。12年間，一緒に住んでいたが，夫は彼女を金属の棒やくさりで殴ったり，熱湯をかけたりしていた。しかし，警察は夫がもう妻に暴力を振るわないという誓約書を書かせて，いつも彼女を家に帰していた。彼女は4年前にとうとう浴室の窓から脱出した。しかし，脱出する際に骨盤の骨を折った。彼女が家に帰るとますますひどく殴られるようになった。

　現在は離婚し，ジッダ市（Jeddah）の最近開設されたアブダラチス（Abdulaziz）のシェルターに住んでいる。

　厳格なイスラム法によって統治されているサウジアラビアは2001年9月11日から開放政策をとってきた。欧米諸国政府からの圧力もあって，同国の人権問題に関する国際的な悪評を改善

するために，公的な人権監視機関が2004年に開設された。多くのシェルターは社会保障省（Ministry of Social Affairs）認可のボランティア団体によって開設されている。

女性の法的な立場は不安定なままである。なぜなら，サウジアラビアの宗教指導者が承認する，男性が女性の法的な「保護者」となる制度はそのままだからである。父親，兄弟，夫たちは「不服従」の申し立てにより，自分たちの意思を女性に強制する権利をもっている。そして，女性は有罪になれば，3年の懲役刑とムチ打ち刑を命じられることもある。

また，サウジアラビアをはじめとしたアラブの湾岸諸国では海外移住労働者であるアジアの女性への過酷な人権侵害が訴えられている。

Asahi Weekly 2010/09/26

サウジアラビアでメイドとして働いていたスリランカ人女性が8月，手足や額に多数のクギを打たれる拷問を受けたと訴えるなど，アジアの途上国から中東諸国などに出稼ぎに行った女性労働者の深刻な人権問題が明らかになっている。

さらにレバノン，クウェートなどアラブ諸国ではメイドがレイプされたり，ぶたれたり，らく印を押されたり，丸坊主にされたり，様々な方法で日常茶飯事に虐待を受けていると，バングラデシュの女性たちは訴えている。ネパール，インドの女性は，就業をあっせんする悪徳仲介業者によって彼女らのビザや旅費の準備のために法外な金額を請求され破滅的な額の借金を背負わされたと訴えている。

国力の差により圧倒的に弱い立場に立たされた女性たちの権

利を守るため，国際的な権利保障の枠組みや受け入れ国の法整備が不可欠だと人権団体などは訴えている。

このような事例が示すように，アラブ諸国の女性の人権侵害の問題（セクシズム〔男女差別〕の問題）に私たちはもっと注目すべきだろう。社会的連帯の関心と意識をもって，アラブ諸国の「女性に対する暴力」の実態についてさらに研究分析することが望まれる。

〈参考文献〉
財団法人大阪市女性協会『女性に対する暴力をなくすために』大阪市市民局男女共同参画課，2002年
増子勝義編『新世紀の家族さがし―おもしろ家族論〔新版〕』学文社，2007年
矢島正見編『新版 生活問題の社会学』学文社，2001年
Asahi Weekly 2008/12/7, 2010/9/26

第10章

家族の多様化とジェンダー

1 現代の家族とセクシズム

　現代の家族を分析するには，今やジェンダーの視点は不可欠のものとなっている。少子高齢社会の出現は家族の多様化を促し，かつての伝統的家族のあり方を大きく変化させた。

　1995年，中国の北京において開催された第4回国連世界女性会議で採択された行動綱領は，セクシズム（男女不平等主義・男女差別）は家庭内の差別的行動，慣行から始まると指摘しているように，家庭における日常生活での男女平等の確立が，学校，職場，社会全体の男女平等の実現に大きな影響を及ぼすものであることを私たちは確認したのであった。そして，日本でも，男女共同参画社会基本法において"男女の家庭責任"を規定するようになった。

　育児ノイローゼ，「よい母親であるべき」という母性神話，

「3歳まで母親の手で育てるべきだ」という3歳児神話，また，「3歳までに早教育すべきだ」というのも神話だと阪井敏郎はいう。また，日本は男性にとって，"離婚天国"だといわれ，「離婚後」の"女性の貧困化"問題に国としての政策を打ち出せない状況は，男性の家庭責任の自覚の欠如の結果だともいえよう。

　このような家族や社会のセクシズムを明晰に分析したのがアメリカの社会学者，ニジョーレ・V・ベノクレイティスとジョー・R・フィーギン（アメリカ社会学会会長）であった（第5章3参照）。"Modern　Sexism"において，1960年代後半には主婦専業を望んでいた女性が70年代には経済的理由から働くことを望むようになり，80年代に入ると家庭と職場の2つを兼業するようになった。このような二重の負担をもつ働く女性が「開放された女性」として定義されるようになったが，現実は妻が働くことによって，夫は家庭と家事・育児の責任を分かち合うことなく，経済的責任から自由になっただけであると指摘している。

　セクシズムには3つのタイプがある。それは，①「あからさまな差別」，②「巧妙な差別」，③「目に見えない差別」である。「あからさまな差別」は歴然と目に見える形で実証できるもので，たとえば，同じ仕事なのに賃金は男女で相違するなどがそうである。「巧妙な差別」は，日常生活のなかで社会化され，人々に受容されている意識や行動や社会的慣習がそうである。たとえば，「女の子」「男の子」の親のしつけ態度などである。次に，「目に見えない差別」は社会構造のなかに男女不平等性が仕組まれていて実証するのが困難なものである。たとえ

ば,男女雇用の機会均等がうたわれながら実際は女性の就業機会は少ないなどがそうである。これらのタイプは「あからさまなタイプ」から「目に見えないタイプ」に移るにつれて,その害は深刻で,実証も解決も困難になる仕組みをもっている。

このような家族や組織集団や社会のセクシズムのメカニズムをベノクレイティスとフィーギンが明らかにしたことによって,家族がいかに社会のあり方によって規定されているかということが認識されるようになった。また,ジェンダーの視点をもって家族,社会を分析することで,これまで見えなかったものが,目に見えるようになることがわかってきた。

2
家族の多様化

現代の家族の形態を分類すると次のようになる。
①核家族（実親子の家族）
②継親子家族（ステップ・ファミリー；Step Family）
③ひとり親家族（母子家族・父子家族・未婚の母（父）の家族；Single Parents Family）
④養親子の家族
⑤里親の家族
⑥同性家族
⑦祖父母と孫の家族
⑧シングル家族

継親子家族,ひとり親家族の出現の要因は,離婚による実親子の家族の分裂によってひとり親家族になり,また親の再婚に

よる継親子家族へと再統合されたものである。親の離婚，再婚によって，子どもは家族がパノラマのように移り変わっていく経験をするようになった。

また，生殖医学の進歩による子どもの誕生の変化もある。"精子バンク"で精子を得て子どもを生む母子家族，あるいは代理母に子どもを生んでもらう家族など，人工授精，体外受精による新しい家族の出現は家族のあり方を考え直させるし，同性愛者の家族，養親子の家族，里親家族は，子どもの養育のあり方を問いかける。また，シングル家族の増加も家族のあり方を変えていくだろう。

このように，家族の形態は社会の変化とともに多様化し，あらためて，家族とは何かを私たちに問いかけている。私たちは未だ経験したことのない社会に生きているのだと実感することになったし，新しい社会のあり方を模索する時代に入ったといえよう。

3
家族の未来

現代の家族の特徴を表すのに"個人化した家族"とか，家族の成員間の気持ちの交流のない（コミュニケーションのない）家族を"ホテル家族"と呼んで，今日の家族のあり方を納得したかのように思い込んでいる。しかし，家族は個人化されているようにみえるが，決して個人化されてはいない。それは大きな社会的文脈のなかで変化しているのであり，社会のあり方の変化が家族を変化させているのである。家族の未来は私たちの社

会観にかかっている。たとえば，イラン革命によって，イランの女性の生き方が180度変転してしまったように。宗教と家族，生殖科学と家族，教育と家族，経済と家族，法律と家族，住居と家族，地域と家族，ケータイ・コンピュータ（IT）と家族など，ジェンダーの視点から家族を研究する課題は尽きそうもない。家族は個人と社会とのかかわりのなかで，これからも新たな展開をしていく興味ある人間の絆なのである。

〈参考文献〉
千葉モト子「家族の多様化とジェンダー」『家庭科教育』78巻2号，家政教育社，2004年，所収

　　　　　　あ と が き

　この本は，私の長年の講義ノートから生まれた。人間と家族を考えるのに，このような話題（トピックス）があるのか，このような事例をどう考えるのか，あるいはこのような見方があるのかなど，千葉流のスタイルがこの本で表現されていればと思っている。
　本書から，何かしら自分の知らなかったことが学べ，人間観，家族観に新たなまだ知りえなかった視野が開けたと感じていただければ幸いである。これからさらに変貌していく社会のなかで，人間と家族のあり方，自己の生き方などを見つめる指針のひとつになればと願っている。
　この本は，学生たちや一般の読者が社会的事象を興味をもって理解できるように，日々の講義に追われるなかで，できるだけわかりやすく，工夫して書いたつもりである。
　本書が出版できるようになったのは，編集を担当してくださった法律文化社田靡純子さんのあたたかい配慮，忍耐強いはげましと長年の友情のおかげであることに感謝し，お礼を申しあげたい。

　　　　　　　　　　　　　　　　　　裏六甲の麓にて
　　　　　　　　　　　　　　　　　　千葉　モト子

■著者紹介

千葉 モト子（ちば もとこ）
京都大学大学院文学研究科博士課程修了（社会学専攻）
現在，四天王寺大学人文社会学部社会学科教授
著　書
『セクシャル・ハラスメントの社会学』（ベノクレイティス／フィーギン著）
　　（訳）法律文化社，1990年
『家族の崩壊』（共著）ミネルヴァ書房，1999年
『新版　生活問題の社会学』（共著）学文社，2001年

Horitsu Bunka Sha

2011年4月10日　初版第1刷発行

家族とジェンダーの社会学

著　者　千葉モト子

発行者　田靡純子

発行所　株式会社 法律文化社
〒603-8053　京都市北区上賀茂岩ヶ垣内町71
電話 075(791)7131　FAX 075(721)8400
URL:http://www.hou-bun.com

©2011 Motoko Chiba Printed in Japan
印刷：中村印刷㈱／製本：㈱藤沢製本
ISBN 978-4-589-03321-5

ベノクレイティス, フィーギン著／千葉モト子訳 **セクシャル・ハラスメントの社会学** ―モダーン・セクシズム― 四六判・320頁・3045円	日常生活に存在する男女差別を3つのタイプ―あからさまな，巧妙な，目にみえない―に分け，社会的，組織的，個人的レベルで理論的に分析。セクシズムの変遷とその社会的背景にも論及，廃絶のための解決策を提示する。
嘉本伊都子著 **国際結婚論!?** [歴史編] [現代編] [歴] A5判・138頁・1890円 [現] A5判・184頁・1995円	男と女の関係から，国のあり様や社会がみえてくる。歴史編では，〈異国人〉間関係にあった人々の足跡から日本の近代国家の成立と変遷を考察。現代編では，家族や女性労働の変化，東アジアの国際結婚の実態を検証する。
伊田広行編著 **セックス・性・世界観** ―新しい関係性を探る― 四六判・210頁・1995円	同性愛やトランスジェンダー，フェミニズムの視点を基礎に「性」を考えるなかで日常の人間関係やライフスタイルを見直し，新しい時代の生きる指針を探る。「男女二分法をみなおそう」「同性愛からみえてくる硬直した社会」ほか
轟　亮・杉野　勇編 **入門・社会調査法** ―2ステップで基礎から学ぶ― A5判・258頁・2625円	量的調査に焦点をあわせたスタンダードなテキスト。社会調査を実施する前提として必要不可欠な【基礎】と実践・応用的な【発展】との二段階にわけてわかりやすく解説。社会調査士資格取得カリキュラムA・B・Gに対応。
工藤保則・寺岡伸悟・宮垣　元編 **質的調査の方法** ―都市・文化・メディアの感じ方― A5判・170頁・2520円	第一線で活躍する著者らが，自身の調査・研究の全過程を可視化。それぞれの経験から，テーマの見つけ方，調査の方法，分析・考察の手法，報告の仕方までをわかりやすく解説。社会調査士資格取得カリキュラムFに対応。

―――――法律文化社―――――

表示価格は定価(税込価格)です